民族文字出版专项资金资助项

图说云南

TUSHUO YUNNAN

黄海 余凡 方萍 主编

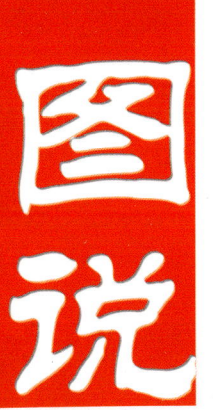

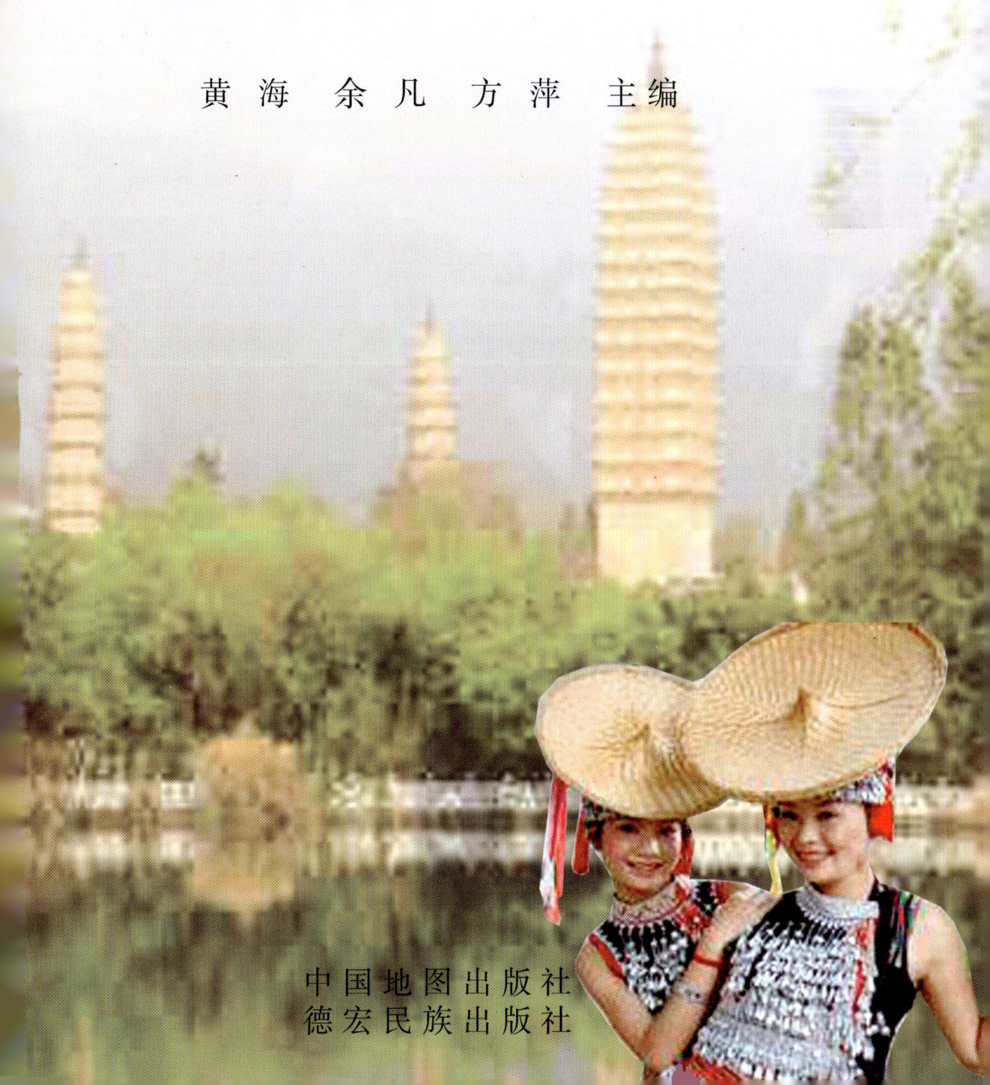

中国地图出版社
德宏民族出版社

图书在版编目（CIP）数据

图说云南 / 黄海 , 余凡 , 方萍主编 ; 德宏民族出版社编 . -- 芒市 : 德宏民族出版社 , 2014.3
ISBN 978-7-5558-0046-0

Ⅰ . ①图… Ⅱ . ①黄… ②余… ③方… ④德… Ⅲ . ①云南省—概况—图集 Ⅳ . ① K927.4-64

中国版本图书馆 CIP 数据核字 (2014) 第 033277 号

书　　　名	图说云南		
作　　　者	黄海 余凡 方萍 主编		
出版·发行	德宏民族出版社	责 任 编 辑	余凡　方萍
社　　　址	云南省德宏州芒市勇罕街1号	责 任 校 对	银传秀
邮　　　编	678400	封 面 设 计	余凡
总编室电话	0692-2124877	发行部电话	0692-2112886
电 子 邮 件	dmpress@163.com	民 文 编 室	0692-2113131
印 刷 厂	昆明鹰达印刷有限公司	网　　　址	www.dmpress.cn
开　　　本	大32开	版　　　次	2014年3月第1版
印　　　张	6	印　　　次	2014年3月第1次
字　　　数	182千字	印　　　数	1-2000
书　　　号	ISBN 978-7-5558-0046-0/K·136	定　　　价	45.00元

如出现印刷、装订错误，请与承印厂联系调换事宜。印刷厂联系电话：0871-63646096

目录

七彩云南·· 1
云南历史·· 4
地形地貌·· 8
气候特征·· 12
植物资源·· 16
动物资源·· 18
矿产和能源资源······································ 20
专题一：国家重点开放开发试验区——瑞丽········ 28
云南民族·· 30
专题二：云南少数民族主要节日····················· 38
云南旅游·· 44
世界遗产·· 52
国家重点风景名胜区································· 56
历史文化名城··· 62
历史文化名人··· 64
云南特色文化··· 68
专题三：云南十八怪·································· 72
考古发现·· 74
专题四：云南自然人文之最·························· 76
非物质文化遗产······································ 82
云南味道·· 86
云南特产·· 90
昆明市··· 94
专题五：走近撒尼人——感受彝族支系风情········ 98
昭通市··· 100
专题六：彝族"六祖分支"之地——昭通············ 103

目录

曲靖市 …………………………………………… 104
专题七：多依河畔的古老风情——布依族习俗 ………… 108
玉溪市 …………………………………………… 110
专题八："迁徙中的落伍者"——花腰傣 ………… 114
保山市 …………………………………………… 116
专题九：保山古老神奇的原住民——布朗人 ………… 120
丽江市 …………………………………………… 122
专题十：泸沽湖畔的神秘婚俗——摩梭人走婚 ………… 126
普洱市 …………………………………………… 128
专题十一：来自北方"构木为巢"的民族——拉祜族 ……… 132
临沧市 …………………………………………… 134
专题十二：佤族人的狂欢节——"摸你黑" ………… 138
楚雄彝族自治州 …………………………………… 140
专题十三：古老的彝族乡村时装秀——赛装节 ………… 144
大理白族自治州 …………………………………… 146
专题十四：走进大理——感受白族"本主王国"文化 …… 150
红河哈尼族彝族自治州 …………………………… 152
专题十五：哈尼族歌舞升平的"十月年"——长街宴 …… 156
文山壮族苗族自治州 ……………………………… 158
专题十六：壮族的"风流街"——三月三"花街" ……… 162
西双版纳傣族自治州 ……………………………… 164
专题十七：竹林丛中的傣族恋情——"约骚" ………… 168
德宏傣族景颇族自治州 …………………………… 170
专题十八：景颇族的万人狂欢舞——目瑙纵歌 ………… 174
怒江傈僳族自治州 ………………………………… 176
专题十九：怒江峡谷独特有趣的恋情——古老的婚姻习俗 … 180
迪庆藏族自治州 …………………………………… 182
专题二十："香格里拉"的护佑神——藏族民俗文化 …… 186

图 例

总 图

符号	名称	符号	名称
—··—··—	国界	⊙ 红河	县级行政中心
—·—·—	省级界	○ 打洛	镇、村
——————	地级界		铁路
············	县级界		窄轨铁路
★ **省政府**	省政府	未成	高速公路
⊙ **昆明市**	省级行政中心	G322	国道及编号
◎ 玉溪市	地级市行政中心	S213	省道及编号
○ 文山市	自治州行政中心		县道

地级市、自治州图

符号	名称	符号	名称
★ **省政府**	省政府		河流及湖泊
⊙ **昆明市**	省级行政中心	昆明长水国际机场	机场
◎ **玉溪市**	地级市行政中心	▲ 老圭山	山峰
○ 文山市	自治州行政中心	钟灵山	森林公园
◎ 晋宁县	县级行政中心	帽天山古生物化石群	文物古迹
○ 拖布卡镇	乡、镇及街道	灵源箐观音阁	寺庙
	国界	金沙江皎平渡口	革命纪念地
	省级界	轿子雪山景区	旅游景点
	地级界	漫湾	电站
	县级界		国家级口岸 省级口岸

图 说 云 南

七彩云南

云南省,因处云岭以南而得名,简称"云"。因战国时期曾为"滇国"属地,故又简称"滇"。《云南通志》载:"汉武年间,彩云见于南中,谴吏迹之,云南之名始于此。"因而,云南又有"云之南""彩云之南""七彩云南"的美称。

云南地处我国西南边陲,在青藏高原南延端,位于北纬21°8′32″~29°15′8″,东经97°31′39″~106°11′47″之间,北回归线横贯本省南部。云南东部与贵州省、广西壮族自治区为邻,北部同四川省相连,西北隅紧倚西藏自治区,西部同中国的邻国缅甸接壤,南同老挝、越南毗连。云南与缅甸、老挝、越南的边界线总长为4 060千米,与泰国、柬埔寨、孟加拉、印度等国相距不远,自古就是中国连接东南亚各国的陆路通道。

云南省在中国的位置示意图

全省共设昆明、曲靖、玉溪、保山、昭通、丽江、普洱、临沧、楚雄、红河、文山、西双版纳、大理、德宏、怒江、迪庆等16个地级市(自治州),129个县(市、区)。昆明市为云南省会。

云南版图轮廓形似东飞的金孔雀。全境东西最大横距864.9千米,南北最大纵距990千米,全省面积39.4万平方千米,其中高原、山地、丘陵约占94%,盆地、河谷约占6%。地势西北高、东南低,平均海拔2 000米左右,最高海拔6 740米,最低海拔76.4米,是一个典型的高原山区省。

大理崇圣寺三塔

元阳哈尼梯田

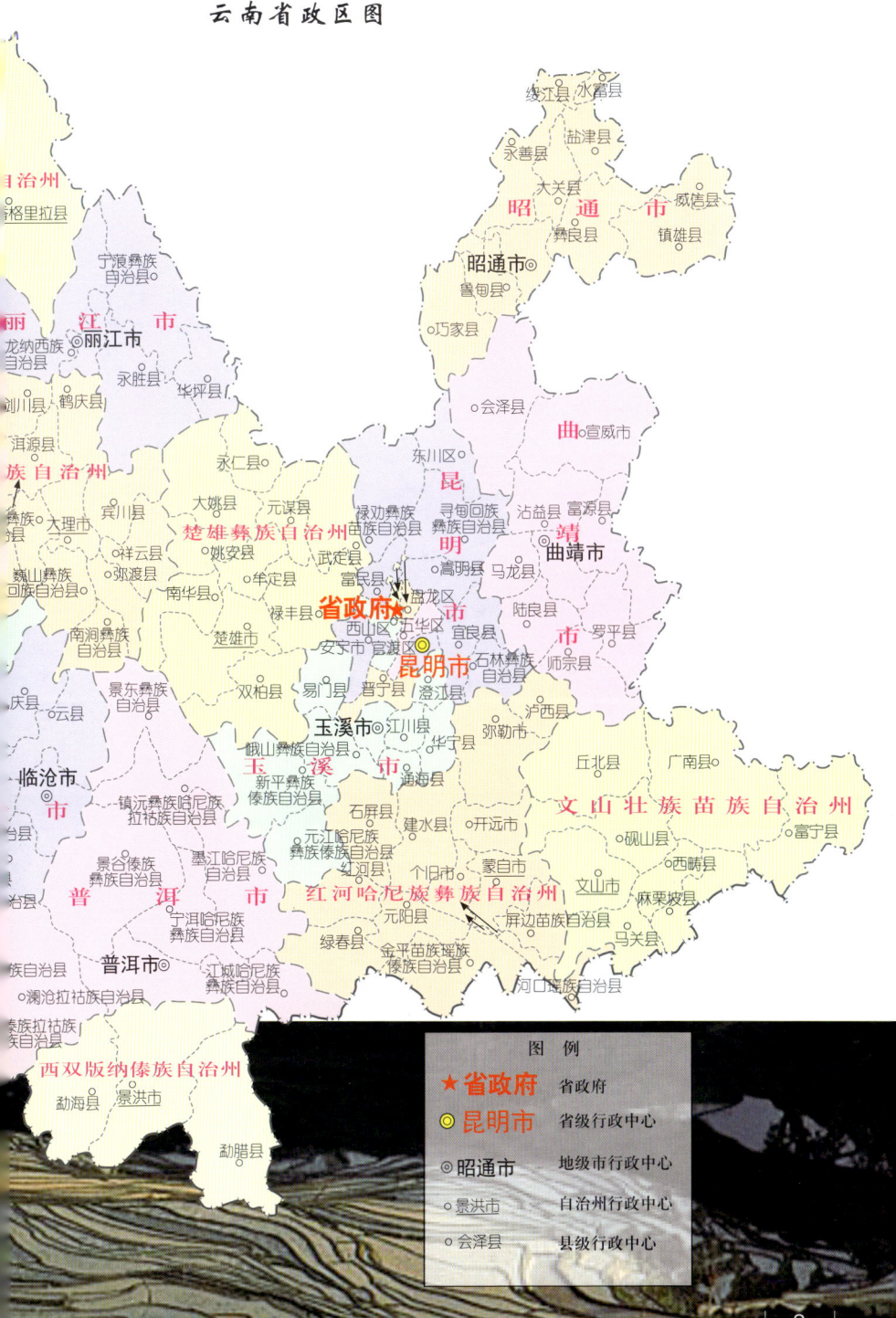

云南历史

上溯远古,云南就是人类的发祥地之一。生活在距今170万年前的元谋人,是迄今为止发现的我国和亚洲最早人类。相传古代大禹治水(约4 000多年前)时,把天下分为九州,云南属其中梁州的一部分。战国末期,楚国的将军庄蹻统一滇池地区,建立了滇国。

秦汉时期。秦始皇统一中国后,在云南东北部设立郡县,并修筑"五尺道",加强云南与内地的联系,这标志着中央王朝开始正式统治云南地区。西汉元封二年,汉武帝"开滇",设益州郡。郡的设立改变了当地部落之间不相统属的状况,带来了新的生产关系和牛耕、灌溉技术,提高了农业耕作水平,促进了畜牧业的发展。此时期云南的丝、麻、棉织品生产工艺较为成熟,铜、银冶炼和制造在全国也享有盛誉。同时扩建"五尺道",改名"西南夷道",又开凿蜀(四川)身毒(印度)道(博南古道)即南方丝绸之路,使商贾往来日趋频繁,促进了当时我国西南地区与东南亚地区各国的贸易与文化交流。

爨龙颜碑

滇国铜鼓

滇王印

魏晋南北朝时期,云南、贵州和四川西南部称为"南中"。三国时期,诸葛亮平定南中后,在当地劝课农桑,大兴屯田,发展生产,使今曲靖地区成为当时云南的经济、文化发展中心。西晋时期,云南为中央直接统治的宁州管辖,此间广泛使用铁器,实行移民屯田。东晋年间,爨氏入滇称王,其统治维持了400余年。南北朝时期,中原政权更替频繁,在爨氏统治下的云南,与刘宋等中原封建小王朝维持着密切联系,但社会相对稳定,经济文化也逐渐发展,不仅"户口殷实",而且"收获亦与中夏同"。

唐宋时期。公元七世纪,大约在唐朝兴起的同时,洱海地区出现了六个处于原始社会阶段而互不相统一的民族部落,称为"六诏"("诏"意为"王"或"首领")。738年,蒙舍诏部落首领皮逻阁兼并其他五诏,建立南诏国,被唐朝封为云南王,后在今大理定都。南诏长期与唐朝战争,国力日趋衰弱。从902年南诏国的权臣夺位自立起,大理地区政权几经动荡更替。937年,白族段思平建立了大理国,都城大理。大理国延续的时间基本与中原的宋王朝同步。

元朝时期。1253年,忽必烈派蒙古军队征服大理国。1274年,元朝在云南设立行中书省,"云南"正式成为全国省级行政区划名称,

云南史迪威公路

首府也由大理移至中庆(昆明)，自此昆明成为云南的政治中心。元朝时期，政治稳定，经济发展，民族关系改善，农牧业逐步由粗放经营向精耕细作转变，以银、铜为主的矿冶业也成长为重要的支柱产业，银、铜课税位居全国之首，昆明成了《马可·波罗游记》中所描述的"工商甚众"的国内外商品交流的大城。

明清时期。明朝在云南设承宣布政使司、提刑按察使司、都指挥使司，管辖全省府、州、县。大量汉族移民屯滇，改变了云南的人口结构。此时期云南经济迅速发展，商品交换日益发达，废除贝币，流通全国的白银、铜钱开始广泛使用。清朝康熙帝平定了藩王吴三桂的叛乱。雍正帝开始在云南推行"改土归流"，废除土司特权，任命流官统治。清时期云南的农业生产水平不断提高，铜、银、锡、铅冶炼和加工业均负盛名，白银产量达全国半数以上，铜产量居全国之冠，相对发达地区开始出现资本主义萌芽。

近代，鸦片战争以后，云南是以英法为首的帝国主义国家重点关注地区之一。1885年，法国强迫清政府签订《中法新约》(也称《中

云南窄轨火车

法会订越南条约》),将云南划为法国的势力范围。先后把蒙自、蛮耗、河口、昆明等地辟为商埠。1910年,法国投资的滇越铁路通车,主要运输云南的锡、铜、银、铅等物资出口,成为中国最早出境的铁路商贸通道。抗战时期,著名的史迪威公路和驼峰航线联络了云南和缅甸及周边国家,源源不断运输大量的军用和商贸物资,为取得抗战胜利和加强中国与国际的联系做出了不可磨灭的贡献。

新中国成立后,特别是改革开放以来,云南经济快速发展,各民族更加团结,边疆稳定,社会安宁。近年来,为充分发挥连接东南亚各国的陆路通道的区位优势,进一步扩大开放格局,云南通过努力实施"国际大通道"建设,已初步构建了沿边商贸口岸、开放开发试验区,"八入滇、四出境"铁路,"七入滇、四出境"公路干线,"两出省、三出境"内河航运及港口,以昆明机场为中心,以干线、支线机场为基础的商贸交通网络。连接东南亚、南亚等国家的国际大通道初具雏形,云南作为我国面向西南开放重要桥头堡的作用日益显现。

地形地貌

云南的地形地貌复杂，高山陡峻，江河湍急，山奇水秀，神奇迷离，有"神秘莫测"之称。云南自古就是令人神往的秘境。全境地处青藏高原东南缘斜坡地带，按中国的三级阶梯划分，除滇西北一隅地处第一级阶梯外，其余各地均位于第二级阶梯内。云南的地形以山地高原为主，占全省总面积的94%，自西向东分为三大地貌大单元。

滇西横断山地区。位于哀牢山断裂以西，并西延至缅甸境内，山脉、水系呈南北走向。在其北段、中段，高黎贡山、怒山、云岭与怒江、澜沧江、金沙江相间排列，山体险峻，河谷紧密，高差一般达2 000~3 000米，是云南经济开发受地形限制最大的地区；在其南段，山脉渐向东、西两面张开，形成帚状山地，自临沧盆地向南，山间已较多宽阔河谷和盆地，在哀牢山和无量山顶部、澜沧江以西的西双版纳等地可见广泛的夷平面分布。

滇中红色高原。位于哀牢山断裂和小江断裂之间，是一个南北走向的隆起带，地质构造呈"山"字形，沉积有厚达1万余米的红色岩系。这片高原分布着许多断陷形成的盆地和湖泊，是云南最活跃的农业区和经济区。

滇东喀斯特高原。东部与贵州、广西的喀斯特地区相连，西缘在小江断裂、红河断裂以东，山脉、水系多呈北东走向。

云南地貌类型复杂多样，整体看呈现六大特征。一是高原呈波涛状，大面积的土地高低参差，纵横起伏。二是高山峡谷相间，以滇西北尤为突出。怒江、澜沧江、金沙江强烈下切，形成极其雄伟壮观的"三江并流"高山峡谷相间的地貌形态。其中被称为"东方大峡谷"的怒江峡谷，是世界第二大峡谷。三是境内地势高差巨大，最高点为德钦县梅里雪山的主峰卡瓦格博峰，海拔6 740米；最低点在与越南交界的河口县境内南溪河与元江汇合处，海拔仅76.4米。最

高点与最低点相差6 663.6米，为全国罕见。四是地势自西北向东南分阶梯递降，落差较大，平均每千米递降6米。每一级阶梯内不仅有丘状高原面、分割高原面及大小不等的山间盆地，还有巍然耸立的大山和深切的河谷，纵横交织。五是断陷盆地(俗称"坝子")星罗棋布、山川湖泊纵横。六是自然地貌多具观赏价值。云南境内除了山地高原，分布面积最广的是流水地貌、喀斯特地貌、冰川地貌和冰缘地貌，风化重力地貌也有一定面积的分布，此外，还有少量的火山地貌及泉华、钙华、丹霞、石林、土林、砂林等特殊地貌，它们均成为云南独特的旅游资源。

云南境内河川纵横，流域面积在100平方千米以上的河流有889条，其中较大的河流有180条，多为入海河流的上游，分属长江、珠江、元江、澜沧江、怒江、大盈江六大水系。元江和珠江的支流南盘江发源于云南境内，其余大河为过境河流。元江、澜沧江、怒江、大盈江均为跨国河流，这些河流分别流经老挝、缅甸、泰国、柬埔寨、越南等国，汇入南海和印度洋。这些大河具有落差大、水流湍急、水流量变化大的特点。

金沙江为长江上游，因盛产金沙故名金沙江，古代又称丽水，是云南流域面积最大的河流。沿江形成了众多的风景区，其中最著名的有"虎跳峡"和"长江第一湾"。南盘江为珠江上游，发源于曲靖马雄山东麓，有"珠江源"和八宝盆地岩溶景区，被誉为"小桂林"。澜沧江发源于青藏高原唐古拉山北麓，由西藏流入云南，经缅甸、老挝、泰国、柬埔寨、越南等国注入南海。沿江两岸的风光奇异，有"东方多瑙河"之称。怒江发源于青藏高原唐古拉山南麓，流经西藏加玉桥后称怒江，进入云南流经怒山与高黎贡山时形成深谷，有"东方大峡谷"之称。元江发源于滇中高原西部，对云南地理环境影响最大，它是滇东和滇西两大地理单元的分界线，沿江两侧的地貌形态、气候类型、生物分布均有明显差异。独龙江、大盈江、瑞丽江流经的地区产水量最多，峡谷深切，气候湿润，森林资源丰富，沿江峡谷绝壁有"自然壁画"之美。

　　云南也是国内著名的淡水湖泊区。境内湖泊众多，多位于崇山峻岭之中，或高山之巅，似颗颗高原明珠，像块块山间碧玉，山环水映，景色秀美，风光如画，驰名中外。受大断裂影响，湖泊多呈南北向，其中断陷型构造湖居多，冰蚀湖、喀斯特溶蚀湖次之。面积超过1平方千米的大小湖泊有37个，成群分布于滇中、滇西、滇南、滇东四大湖群区。湖泊总面积为1 066平方千米，集水面积约9 000平方千米，总蓄水量约300亿立方米。蓄水量超过20亿立方米的有抚仙湖、洱海、程海、泸沽湖，湖水深度超过20米的有抚仙湖、泸沽湖、程海、阳宗海。湖面面积超过200平方千米的有滇池、洱海、抚仙湖。

　　滇池是云南水面最大的湖泊，在全国名列第六。抚仙湖的容水量和平均水深均名列全省湖泊之冠，也是中国第二深的淡水湖泊。云南湖泊中以自然特色景观壮丽著称的是滇池、洱海、抚仙湖、泸沽湖、阳宗海等，它们被称为"高原明珠"。

　　云南地下水资源丰富，深入地下水占据岩层及松散沉积物的全部或部分孔隙。地下径流总量738.3亿立方米，占全省河川径流量的33.2%。其分布广泛，常以泉水的形式露出地面。云南是中国泉水最集中的省区之一，其中有各类温泉822处，居全国之首，享有"泉水之乡"美誉。

云南滇池

气候特征

云南的纬度低、海拔高,又位于中国亚热带季风气候区、高原气候区与南亚热带季风气候区的结合部。特殊的地理位置使云南既受东亚季风和南亚季风的影响,又受青藏高原环流系统的影响,加之地势北高南低,地形崎岖,云南气候与同纬度的中国东部地区相比有明显不同的特点。

干湿季分明。除滇东北部分地区干湿季不十分明显和怒江州北部有双雨季外,云南大部分地区受来自海洋暖湿气流影响,湿季降水量占全年的85%~95%;干季,常受来自伊朗、巴基斯坦、印度北部大陆的西方干暖气流控制,晴朗少云,日照充足,降水量占全年的5%~15%。全省大部分地区年降水量为1 100毫米。由于受不同大气环流的控制和影响,降水量在季节上和地域上的分配极不均匀,降水量最多的是6-8月,约占全年降水量的60%。11月至次年4月的冬春季节为旱季,降水量只占10%~20%,甚至更少。

云南的雨季

云南近年旱灾频发

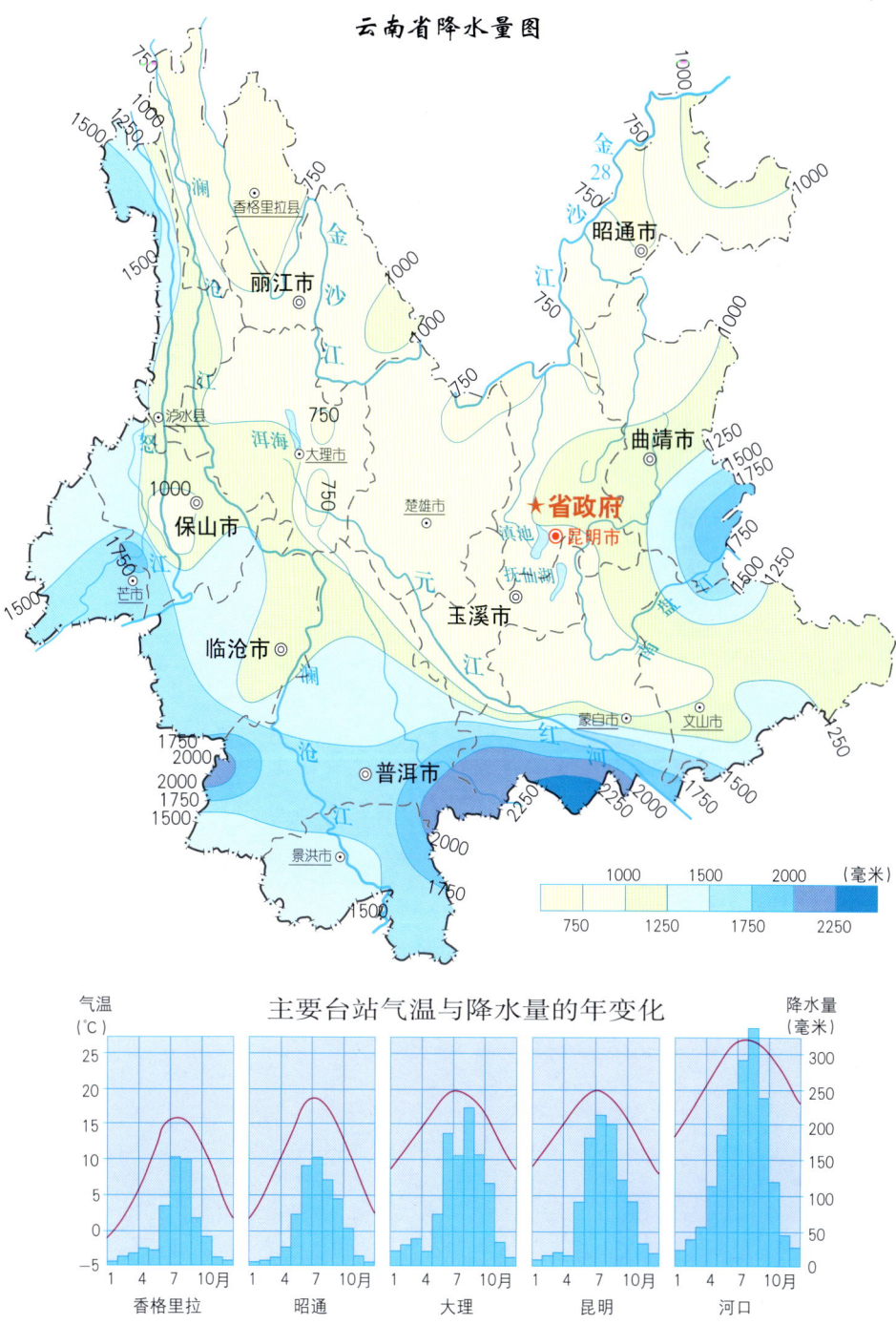

图说 云南 TUSHUO YUNNAN

气候特征

四季不分明。除滇东北一隅季节分明外,大部分地区四季不分明。滇西北位于高海拔地区属寒带型气候,"长冬无夏",春秋较短。滇南、滇西南位于低热河谷地带,部分地区在北回归线以南,属热带气候,"长夏无冬",但"一雨成秋"。滇东、滇中部广大地区属温带型气候,气温的年较差小,"四季如春";虽然年温差小,但日温差大,"遇雨成冬"。由于云南地处低纬高原,空气干燥而较稀薄,各地所得太阳光热的多少除随太阳高度的变化而增减,一天的温度变化是早凉午热,尤其是冬春两季,日温差可达12~20℃。

气候的区域差异十分显著。从低纬度、低海拔的河口到高纬度、高海拔的德钦,年平均气温相差≥10℃,积温从8 250℃下降至657.8℃,最冷月平均气温从15℃下降至-3℃。由于山地垂直气候叠置于地带性气候带上,使后者带状分布受到严重破坏,南部的气候带逆河谷呈树枝状向北延伸,北部的气候带沿山脊南延,呈镶嵌式分布。由于地势北高南低,南北之间高低悬殊,南北气温相差达19℃左右。

垂直差异明显。由于纬度低和地势高低悬殊,云南的气候垂直差异十分显著,有"一山分四季,十里不同天"之称。山地垂直气候带不仅是普遍现象,而且层次结构多异。最多的带谱出现在西部横断山区,由亚热带一直到高山冰雪带。同时,在同纬度、同海拔的地区,西部气温比东部高,而且越往西越气温偏高;与一定温度条件对应的垂直气候带也相应自东往西上抬,亚热带常绿阔叶林在云南可出现在海拔2 600~2 800米的高度上,为中国之最。

冬日的昆明

植物资源

云南是全国植物种类最多的省份，被誉为"植物王国"。全省森林面积为1 560万公顷，居全国第3位。热带、亚热带、温带、寒温带的植物类型在这里都有分布，古老的、衍生的、外来的植物种类和类群很多。在全国3万种高等植物中，云南有60%左右。列入国家一、二级重点保护的珍贵树种、药用植物、香料植物、观赏植物等有171种。其中，列入国家一级保护植物的有120种（类），占全国总数的71.7%；列入国家二级保护植物的有51种（类），占全国总数的52.74%。

云南又是国内外著名的种植资源基地。粮食作物有1 000多个品种，油料作物有近700个品种，蔬菜作物有100多个品种，水果、干果作物有1 000多种，香料植物有365种，重要的药用植物有1 000多种，观赏植物有2 500多种，其中花卉植物有1 500种以上，不少是珍奇种类，故云南还有"药物宝库"、"香料之乡"、"天然花园"之称。

云南部分国家一级保护植物

巧家五针松

被称为"植物界的大熊猫"，全球仅有34株，分布于云南巧家县白鹤滩镇与中寨乡交界的山脊两侧，范围约5平方千米。

珙桐

为落叶乔木，是1 000万年前新生代第三纪留下的孑遗植物。第四纪冰川时期，大部分地区的珙桐相继灭绝，只在我国南方的一些地区幸存，成为植物界的"活化石"。

秃杉

杉科常绿大乔木,为第三纪古热带植区孑遗植物。树皮淡灰褐色,裂成不规长条形,树冠成锥形,木质轻软且密,理顺直,稀少罕见。

桫椤

又称树蕨,属较原始的维管束植物,蕨植物桫椤科,是现存唯一的木本蕨类植,极其珍贵,堪称国宝。

豆杉

浅根植物,从第四纪冰川时期遗留下的古老树种,已有250万年的历史,是界上濒临灭绝的天然珍稀抗癌植物。

17

动物资源

云南动物种类数为全国之冠,素有"动物王国"之称。全省有脊椎动物1 737种,占全国同类总数的58.9%。其中,鸟类793种,占63.7%;兽类300种,占51.1%;淡水鱼类366种,占45.7%,有5科40属249种鱼类为云南特有;爬行类143种,占37.6%;两栖类102种,占46.4%;昆虫类1万余种,占40%。

云南珍稀保护动物较多,列入国家一、二级重点保护的动物有164种。其中,列入国家一类保护动物的有蜂猴、滇金丝猴、野象、犀鸟、白尾梢虹雉、巨嘴蟒蛇等51种,占全国同类总数的45.36%;列入国家二类保护动物的有熊猴、猕猴、灰叶猴、麝、小熊猫、绿孔雀等113种,占全国同类总数的18.13%。丰富的野生动物资源,已成为云南科学开发利用、发展特色养殖业的宝库,也是中国乃至世界科学考察、研究的基因基地。

云南部分国家一级保护动物

蜂猴

也叫作懒猴、风猴,属于懒猴科蜂猴属的小型原猴。有9个亚种,其中中国有2种,分布于云南西南部和广西南部。夜间活动,动作缓慢,栖息在树的顶部,食鸟、昆虫和野果等。

滇金丝猴

别名黑金丝猴、黑仰鼻猴、雪猴、花猴等。生活在滇藏交界处雪山峻岭之巅的高寒森林中。面庞白里透红,唇红,与人脸最为相像,是一种珍稀美丽的灵长类动物。

犀鸟

属佛法僧目犀鸟科。其上嘴基部长有一个骨质盔突,好像犀牛的角一样,故而得名犀鸟,是一种奇特而珍贵的大型鸟类。

长臂猿

全世界共有16种长臂猿,在我国有6种,分别是西黑冠长臂猿、白颊长臂猿、白掌长臂猿、东白眉长臂猿、海南长臂猿和东黑冠长臂猿。其中前4种为云南独有,总数量也是全国最多。

矿产和能源资源

云南矿产资源储量大、矿种全,是得天独厚的矿产资源宝地,最大的矿产优势是有色金属,故有"有色金属王国"的美称。

云南矿产资源的特点:一是矿种全。全国162种自然矿产中,云南已发现的矿产有143种,已探明储量的有92种,矿产地1 274处。二是分布广。金属矿遍及108个县(市、区),煤矿在116个县(市、区)均有发现,其他非金属矿产各县(市、区)都有。三是共生、伴生矿多,利用价值高。共生、伴生矿床约占31%,有61个矿种的保有储量居全国前10位。

金属矿产中,铝、锌、锡的保有储量居全国第1位,铜、镍的保有储量居全国第3位。在贵金属、稀有元素矿产中,铟、铊、镉保有储量居全国第1位,银、锗、铂族金属矿产储量居全国第2位。其它矿产资

铊制工艺品

云南省矿产资源图

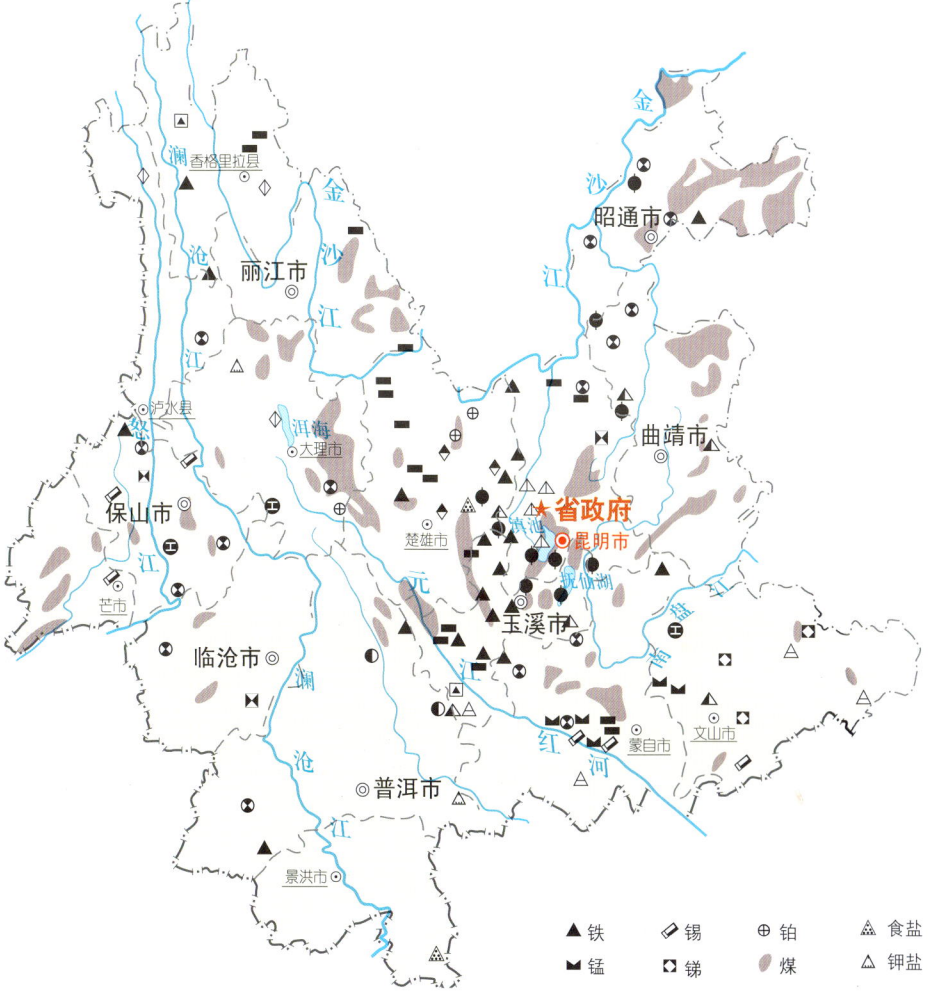

源也极为丰富。在化工原料矿产中,磷、盐、芒硝、砷、钾盐、硫铁矿、电石用灰岩、化肥用蛇纹岩等8种矿产的储量,均居全国前10位。云南现已形成了一批以有色金属为主的、具有一定规模的矿产资源采、选、冶工业,是中国重要的锡、铜、磷肥生产基地。

云南能源资源得天独厚,尤以水能、煤炭资源储量较大,开发条件优越;地热能、太阳能、风能、生物能也有较好的开发前景,故云南有"能源之乡"的美称。

云南水资源总量达2 256亿立方米,居全国第3位。水能资源蕴藏量达1.04亿千瓦,居全国第3位;可开发装机容量0.9亿千瓦,居全国第2位。建成投产的漫湾等电站成为我国"西电东送"的电力基

锡制工艺品

铝制工艺品

丰富的地热资源——温泉

地。云南的煤炭资源主要分布在滇东北,是我国南方重要的煤炭基地。全省现已探明储量240亿吨,居全国第9位。煤种也较齐全,烟煤、无烟煤、褐煤都有。地热资源以滇西腾冲地区最为集中。全省有出露的天然温热泉700多处,年出水量3.6亿立方米,居全国之冠。太阳能资源也较丰富,全省年日照时数1 000~2 800小时,年太阳总辐射量每平方厘米90~150千卡,仅次于西藏、青海、内蒙古等省区。滇东山区再生风能清洁能源资源最为丰富,全省气象台站有效密度44.2~167.5瓦/平方米,有效利用时数300~6 500小时。云南太阳能、地热能、风能等的利用前景都十分可观,已逐步显现出发展清洁能源的雄厚潜力。

太阳能路灯

"中国向西南开放桥头堡"建设

进入新世纪,云南省为促进经济社会又好又快地发展,提出了建设绿色经济强省、民族文化强省和连接中国与东南亚、南亚的国际大通道三大战略目标。2011年5月,国家确定"把云南省建设成为中国面向西南开放的重要桥头堡",并列入《中华人民共和国国民经济和社会发展第十二个五年规划纲要》。

"五大方面"发展战略定位

2011年11月,国务院下发了《关于支持云南省加快建设面向西南开放重要桥头堡的意见》,赋予云南5个方面的战略发展定位:一是我国向西南开放的重要门户;二是我国沿边开放的试验区和西部地区实施"走出去"战略的先行区;三是西部地区重要的外向型特色优势产业基地;四是我国重要的生物多样性宝库和西南生态安全屏障;五是我国民族团结进步、连续繁荣稳定的示范区。

未来,云南将建成连接国内外的交通、能源、物流、信息等战略大通道,中缅油气管道及配套设施,国家重要的稀贵金属等重要战略资源接续区,优势特色农产品生产加工、生物资源开发创新、新材料、清洁载能基地,面向东南亚、南亚的通信枢纽和区域信息汇集中心,以水电为主的绿色能源基地,跨区域电力交换枢纽,国内一流、国际知名的旅游目的地,面向东南亚的农业技术推广枢纽。

"一圈、一带、六群、七廊"的空间发展格局

按照国家的战略部署,遵循"强圈、富带、兴群、促廊"空间布局的原则,云南将形成"一圈、一带、六群、七廊"的发展格局:一圈——以昆明、玉溪、曲靖和楚雄4州(市)为主的滇中城市经济圈;一带——以中缅瑞丽与木姐、中越河口与老街、中老磨憨与磨丁3个跨境经济合作区和瑞丽国家重点开发开放试验区建设及腾冲猴

昆明长水机场夜景

地,促进形成特色经济和外向型产业区。

　　滇西南地区——以特色产业发展和外向型产业布局为主要导向,加快发展热区农业、旅游文化、生物、能源、轻工、出口商品加工、商贸物流等产业,形成绿色经济为主的外向型产业区。

"开放口岸与国际大通道"网络建设

　　云南现拥有16个国家一类口岸,7个二类口岸,还有86个边境或边民互市点。为加快推进"桥头堡"建设,云南已把口岸开放、建设和发展,作为提升沿边开发开放水平的平台,着力加快建设"国家重点开发开放试验区"、"跨境经济合作区"、"边境经济合作区"和"国际大通道"。瑞丽国家重点开发开放试验区和三个跨境经济合作区、六个边境经济合作区的建设全面启动,云南的公路、铁路、航空和水运交通运输网络日趋完善。目前,已建成昆明到河口、昆明到磨憨、昆明到瑞丽、昆明到腾冲等以昆明为核心的"七出省、四出境"高速路网,中越、中老泰、中缅、中印等四条国际公路大通道在云南境内全部实现高等化。沪昆高铁、成昆铁路、广大铁路、南昆铁路、渝昆铁路扩能改造、云桂铁路、昭通—攀枝花—丽江铁路、芒市至腾冲猴桥铁路、祥云—临沧—普洱铁路、蒙自—文山—丘北铁路、昆明—临沧—清水河铁路及滇中城市群城际铁路完成,将形成"八出省、四出境"铁路网。同时,形成以昆明长水国际机场为枢纽,6个中型机场、12个小型支线机场的布局结构,干、支线机场全面发展,航线网络延伸欧亚、非洲、澳洲和北美洲。水运航道已形成"两出省、三出境"网络。

27

专题一：国家重点开放开发试验区——瑞丽

瑞丽市，隶属云南省德宏傣族景颇族自治州，古称"勐卯"，傣语意为"雾城"。中缅两国山水相连，村寨相依，边民通婚互市，胞波（缅语，意为同胞）情谊源远流长。瑞丽是个充满生机活力的口岸开放城市，位于云南西部中缅边境的瑞丽江畔，东南、西南、西北三面与缅甸接壤，国界线长169.8千米，总面积1 010平方千米。

历史上，瑞丽是傣族的主要发祥地，是地方政权勐果占毕王国、滇越乘象国、麓川王国的国都，也是古代南方丝绸之路的重要通道。1979年被国务院定为国家级口岸，1990年批准向第三国开放，1992年被确定为边境开放城市。2010年国家批准为国家重点开发开放试验区。瑞丽具有口岸、热区和旅游三大优势，拥有瑞丽、畹町两个国家一类口岸以及中国唯一实施"境内关外"特殊监管模式的姐告边境贸易区，还有2个省级口岸，31个渡口和众多的自然通道。

建设瑞丽国家重点开发开放试验区，是国家完善对外开放新格局，把云南建设为我国面向西南开放重要桥头堡的重要部署。在这个

瑞丽边境风光

框架内,瑞丽试验区按照"一核两翼,联动发展;一区多园,政策叠加"的空间布局,依托通道干线,以瑞丽为核心,以芒市、陇川为两翼,重点规划建设边境经济合作区、国际物流仓储区、国际商贸旅游服务区、进出口加工区、特色农业示范区以及生态屏障区6大功能区。并以此为抓手,重点实施6大开发开放试验任务:创新边境管理、金融管理、跨境合作、土地管理、行政管理、社会管理体制机制,提升开发开放水平;扩大对外开放,构建中缅边境经济贸易中心;推动西南国际大通道建设,构建沿边重要国际陆港;积极承接产业转移,形成沿边经济增长极;统筹城乡发展,构建沿边统筹城乡发展示范区;建设生态屏障,增强可持续发展能力。

目前,以瑞丽市全境为核心,辐射芒市、陇川的格局也已形成。今后的5到10年内,瑞丽将着手完善特色优势产业体系建设,以此增强综合经济实力;致力于提高对外开放水平,让区域经济合作取得更大成效;将进一步改善基础设施,打通沟通印度洋的国际大通道,增进可持续发展能力。未来,瑞丽试验区将建设成为镶嵌在祖国西南边陲的一颗璀璨耀眼明珠。

瑞丽城市景色

云南民族

云南是一个民族构成极为多样化的省份,中华民族大家庭的56个民族在云南均有分布,民族数量居全国之最。全省除汉族外,人口在5 000人以上的世居少数民族有25个,其中,哈尼族、白族、傣族、傈僳族、佤族、拉祜族、纳西族、景颇族、布朗族、阿昌族、普米族、德昂族、怒族、基诺族和独龙族等15个民族为云南特有。2010年末,全省总人口为4 596.6万人,少数民族总人口达1 533.7万人,占全省总人口的33.37%,是全国少数民族人口数超过千万的3个省区之一。

云南少数民族分布表现为大杂居、小聚居,且立体分布明显。住在河谷平坝的有回族、白族、纳西族、蒙古族、壮族、满族、傣族、阿昌族、布依族和水族等10个民族;住在低山地区的有彝族、哈尼族、瑶族、拉祜族、佤族、景颇族、阿昌族、布朗族和基诺族等9个民族;住在高寒山区的有苗族、傈僳族、藏族、普米族、怒族和独龙族等6个民族。各民族安居乐业,和睦相处,云南呈现出民族团结,社会安宁,边疆稳定的可喜景象,堪称民族团结的大家庭。

丰富多彩的民族语言文字

云南的民族语言文字丰富多彩,除回族、满族、水族通用汉语外,其余少数民族都有自己的语言。

汉族语言属北方语系,与普通话接近。大部分云南人使用的汉语基础方言是西南官话,与邻近的四川和贵州的方言比较接近。但在明代形成的昆明话,其基础方言却是属于江淮官话的南京话,直至今日,昆明话仍有不少和南京话相类的地方。

其他各民族的语言分别属于汉藏语系和南亚语系,使用的语言主要有母语型、双语型、多语型和母语转用型四种。云南少数民族以前大多没有自己的文字。新中国成立后,在党和政府的帮助下,改进和创制了彝族、哈尼族、傣族、苗族、壮族、傈僳族、佤族、拉祜

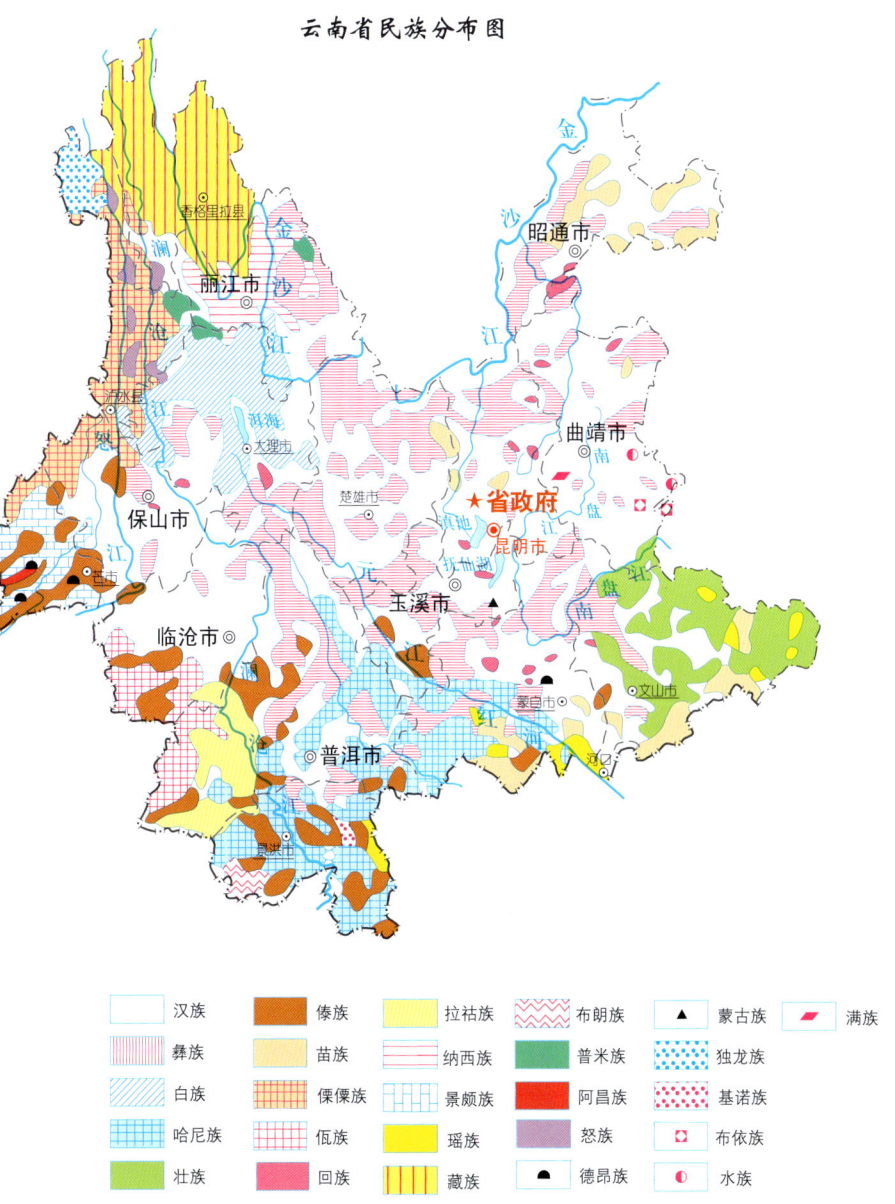

云南省民族分布图

族、纳西族、景颇族、白族、瑶族、独龙族等13种民族的文字,加上藏文等已有文字,现在使用的民族文字共有22种。

多信仰与多门派并存的民族宗教

云南各民族生活环境、民族语言、民族崇拜不同,受多种宗教的影响,形成了民族宗教信仰具有自由性、区域性、多样性的特点。

民族宗教信仰自由性

不同民族有不同的信仰;有的民族同时信仰不同的宗教。例如,纳西族不仅信仰东巴教,还信仰藏传佛教(俗称喇嘛教)、大乘佛教、道教。宗教观念和宗教行为庞杂,神学宗教观念行为和原始宗教观念行为混杂,互相渗透,并融混生。

民族宗教信仰区域性

民族地区的宗教信仰分布和流传多与民族分布相对应。南传上座部佛教(俗称上座部佛教)主要分布流传于滇西南;基督教、天主教又主要分布流传于边疆和内地的贫困地区;藏传佛教主要分布流传于滇西北高原;伊斯兰教则与回族小聚居、大杂处的分布格局相一致。

怒族村寨

民族宗教信仰多样性

云南各民族信仰的宗教主要有上座部佛教、藏传佛教(喇嘛教)、大乘佛教、伊斯兰教、基督教等，道教、天主教、东巴教等也有一些影响。民族宗教信仰的多样性，使得民族信仰的图腾也多种多样。主要的动物图腾有：虎、牛、羊、鸡、龙、蛇、海螺、熊、猴、鹰、蟾蜍、鼠、鸟、鱼、狮、蛙等；主要的植物图腾有：竹、梨、葫芦、茶叶等。

古朴而奇特的民族风情习俗

云南是一个民族风情最为浓厚的地方。早在氏族社会，云南就生活着"羌"、"濮"、"越"三大族群，他们是云南最早的先民。秦汉时期云南人被总称为"西南夷"，在各个时代历经不断的迁徙、分化、演变、融合，到明、清云南各族人口分布趋于稳定。在历史发展的长河中，各民族创造了特色鲜明与异彩纷呈的民族文化，无论是民居、服饰，还是生活习俗、节庆活动、婚丧习俗，都能让人感受到浓浓的异域风情和神秘又朴实的韵味。

民居建筑千姿百态

云南各民族人民在漫长的历史发展过程中，为了适应其生存的

干栏式建筑

土掌房

环境，也为了拜祭其心中的神灵，创造了千姿百态而富有地方特色的建筑，有民居建筑、土司官署建筑、客栈与商肆建筑、文庙与书院建筑，以及桥梁建筑等。从总体上看，有傣、壮、景颇、德昂、拉祜、哈尼等民族的干栏式建筑；有彝族、哈尼族等的土掌房；有白族、纳西族的"三坊一照壁"；有普米族、摩梭人的井干式建筑等。然而，同一民族不居一地，其建筑风格和结构也各不相同。

透过云南民族建筑的异彩纷呈，人们不难发现蕴涵于各类建筑之中的民族文化不仅丰富厚重，而且特色鲜明，具有多元性、丰富性、原生性及景观独特性等特征。它反映了各民族人民与自然的和谐共生、各民族历史上不同的社会形态和家庭结构，还展示了各民族的文化、审美、信仰，是各民族智慧和创造力的象征，是一份厚重而珍贵的历史文化遗产。

民族服饰绚丽多彩。

云南各民族的服饰与所分布地区的自然气候密切相连。大致可分为三种类型：一是轻薄短紧型，主要指居住在滇西南、滇东南等河谷湿热地区的傣、壮、哈尼、佤、布朗、阿昌等民族的服饰，其上衣、裙子都较短、质地轻薄。二是轻便型，主要指居住在滇中坝区的各少数民族的服饰，其衣着一般都很轻便实用，如回、白等民族。三是宽大厚重型，主要指滇西北的藏、纳西、普米、傈僳等民族的服饰均属此类。

此外，各民族服装还带有浓郁宗教文化色彩，继承和保持着本民族的文化。例如，对虎崇拜的彝

普米族

基诺族

德昂族

族，其服饰上就有各种虎图案，还有虎头帽、虎头鞋；独龙族的服装给人以简朴粗犷的印象；苗、瑶、布依等民族服饰，多以黄、红、蓝、绿、白等对比强烈的色彩，运用织、绣、挑、染等工艺，色彩艳丽而协调，图纹繁多又不显紊乱，美不胜收。每到节庆，彝族还有举行"赛装"的习俗。各民族服饰体现出不同的风格，给人以不同的审美感受。

饮食习惯嗜好奇异。

云南特殊的自然条件，提供了丰富的食物资源，各民族有各自的饮食习惯与嗜好。居住在坝子和河谷地区的民族，以稻米、小麦、玉米作主食，附以薯类、豆类、肉类、鱼类及蔬菜、水果等；居住半山区的民族，以大米、玉米为主食，各种野菜做汤，喜吃酸辣；居住在山区的民族，以小麦、大米、玉米为主食，多掺杂些荞麦和土豆，喜欢用"山茅野菜"做菜肴。有些民族还认为"凡绿色的就是菜，会动的都是肉"，不仅漫山遍野的草、叶、花、皮、根都可做菜肴和佐料，还喜吃蜻蜓、蚱、蝉、蝗、蚁、土蜂、沙蛆、竹虫之类奇异的食物。

多数民族嗜酒、喜茶、好烟。例如，德昂族有"茶到意到"风俗，不仅饮茶，而且见面礼就是茶；白族的茶礼分三道，俗称"三道茶"，更是负有盛名；傈僳族男女老少都有饮酒的习惯，以喝"同心酒"为最，

白族"三道茶"

傈僳族喝"同心酒"

主客两人互相搂着,同饮一碗酒,表示对客人充满信任,并愿意建立诚挚的友情或爱情;云南人用竹筒做水烟枪吸烟更是为众人熟知,已成为云南的名片。

民间歌舞古朴独特

云南各民族能歌善舞,"会说话的就会唱歌,会走路的就会跳舞",来源于生产生活的歌舞众多,不仅具有较高的娱乐观赏价值,而且具有极高的艺术价值。全省包括汉族在内26个世居民族的舞蹈有26大类,且每类又分为若干小类,不仅涉及生产活动、生活习俗、婚丧嫁娶等各个领域,还包含各民族古老的传说、神话等。其间有不少精品,如彝族的打歌、傣族的孔雀舞、佤族的甩发舞等,都是最受欢迎的民间舞蹈;弥渡的《小河淌水》,很早就与《茉莉花》齐名,被世界誉为"东方小夜曲"等等。每逢收获、婚嫁或节庆,人们围着火堆,合着节拍,踏足而歌,通宵达旦。

目前,云南已收集到的各族民歌、民曲有2万多首,舞蹈6 718套,戏剧2 000多个,器乐200多种,叙事长诗50多部,说云南是"歌舞的王国"也不为过。

节庆活动丰富多彩

云南的民族节日丰富多彩。有的民族有许多节日,有的节日则是许多民族所共有。按类别大致可以分为宗教祭祀性节日、生产活动性节日、纪念庆祝性节日、社交娱乐性节日。较具代表性的有:傣族"泼水节"、彝族"火把节"、白族"三

哈尼族

怒族

月街"、纳西族"三朵节"、苗族"花山节"、傈僳族"刀杆节"、哈尼族"长龙宴"等,它们已成为云南人文景观的重要组成部分。少数民族节日和习俗的独特文化审美,使云南成为富有特色的、活的"民俗博物馆"。

婚姻习俗古老神秘

云南各民族有自己独特的传统婚姻习俗。这里的傣族崇尚"女娶男嫁,不重生男重生女";纳西族崇尚"女耕女织,男子逍遥求高雅";摩梭人崇尚"男不娶,女不嫁,延续古老的走婚俗"。这里还保留着奇特的恋爱场所"姑娘房"、有趣的情书"鲜花"、古老的情书"来苏"、委婉的说亲方式"讨谷种"、优雅的恋爱方式"琵琶和口弦传情"、最古老的母系大家庭婚姻习俗"阿注婚"、奇特的婚俗"抢亲"、简朴的婚礼"劳动"、独特的离婚仪式"设宴请客",有趣的离婚证书"木片"等等。

各民族妇女都有以服饰表明身份的打扮方式。从她们色彩缤纷的服饰上,就能一眼辨出是哪个民族,已婚还是未婚,年龄多大,是否有了心上人。独龙族女子有文面习俗。布朗族一般都要举行两次婚礼,头次婚礼后妻子仍住娘家,生育的孩子由女方家庭抚养,三年后举行第二次正式婚礼,再嫁到男家。怒族仍保留着原始社会的一些遗风,男女谈恋爱时,男子用琵琶传情,女子以口弦对答,有的青年男女从恋爱到完婚没有说过一句话。这种独特的恋爱方式,也许是绝无仅有。

景颇族

专题二：云南少数民族主要节日

云南的民族节庆丰富多彩，几乎浓缩了民族传统文化所有层面的内容，并将其中最典型的部分集中展现出来，成为云南人文景观的重要组成部分。

彝族：

火把节（农历六月二十四日）。活动内容主要有耍火把、摔跤、斗牛、歌舞。

插花节（农历二月初八）。活动内容主要有插花、对歌。

赛衣节（农历三月二十八）。活动内容主要有竞歌舞、赛服饰。

虎节（农历正月初八至正月十五日）。主要活动有跳虎笙、虎舞。

密枝节（各地不同）。活动内容主要为祭神仪式。

三月会（农历三月二十七日至三月二十九日）。活动内容主要有物资交流、歌舞表演。

白族：

三月街（农历三月十五至二十日）。活动内容主要有物资交流、赛马、歌舞表演。

青姑娘节（农历正月十五日）。活动内容主要为歌舞。

绕三灵（农历四月二十三至二十五日）。活动内容主要有祭祀、栽秧。

栽秧会（农历芒种节令）。活动内容主要有祭祀、栽秧、对歌。

火把节（农历六月二十五日）。主要活动有树火把、赛龙舟、歌舞。

白族"三月街"

彝族"火把节"

石宝山歌会(农历七月底)。活动内容主要有庙会、对歌。

梨花会(梨花盛开时节)。活动内容主要有梨园里游玩、野餐。

本主会(各村寨不同)。活动内容主要有祭祀、歌舞、洞经音乐。

傣族：

泼水节(公历四月中旬)。活动内容主要有赛龙舟、泼水、歌舞。

送龙节(公历一月)。活动内容主要有祭祀、歌舞。

开门节(农历九月中旬)。活动内容主要有串寨、放高升、歌舞。

关门节(农历六月中旬)。活动内容主要有赕佛、歌舞。

哈尼族：

阿玛突(农历二月属龙日)。活动内容主要有祭祀、歌舞、摆街宴。

苦扎扎(农历六月中旬)。主要活动有打秋千、摔跤、歌舞。

里玛主节(阳春三月)。活动内容主要有歌舞、摔跤。

捉蚂蚱节(农历六月二十四日后的第一个属鸡日或属猴日)。活动内容主要是捉蚂蚱食用。

姑娘节(农历二月初四)：活动内容主要有秋千、歌舞。

祭龙日/新米节(农历二月二日)：活动内容主要有敲锣、歌舞。

米索扎节(各村寨不同)。活动内容主要有秋千、歌舞。

苗爱拿节(农历五月上旬)。活动内容主要有篝火、歌舞。

苗族：

花山节(农历正月)。活动内容主要有爬花杆、芦笙、歌舞。

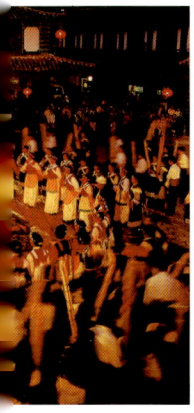

彝族"赛衣节"

傣族"泼水节"

傈僳族：
　　澡堂会(农历正月)。活动内容主要有温泉沐浴、赛歌。
　　盍什节(各村寨不同)。活动内容主要有吃团圆饭、射弩比赛。
　　刀杆节(农历二月初八)。活动内容主要有爬刀杆、歌舞。

纳西族：
　　米拉会/棒棒会(农历正月十五)。活动内容主要有野炊、赛马、歌舞、农具交易。
　　三多节(农历二月初八)。活动内容主要有祭祀、对歌、斗牛。
　　骡马大会(农历三月中旬／七月中下旬)。主要开展物质交流、文体表演。
　　祭天(农历正月／七月中旬)。活动内容主要是祭祀。
　　七月会(农历七月中旬)。主要活动有物质交流、文体表演。
　　祭龙节(农历二月初八)。活动内容主要有物资交流、文体表演。

拉祜族：
　　库扎节/年节(农历正月)。活动内容主要有象脚鼓舞、对歌。
　　葫芦节(农历十月十五)。活动内容主要有篝火、歌舞。
　　祭太阳神(农历立夏日)。活动内容主要有祭祀、歌舞。

佤族：
　　拉木鼓节(公历十二月)。活动内容主要有祭祀、歌舞。
　　新米节(农历八月十四)。活动内容主要有祭祀、歌舞。

布朗族：

冈永节（各村寨不同）。活动内容主要有祭祀、歌舞。

独龙族：

卡雀哇／年节（一般在头年的腊月底或次年的正月初）。主要活动有祭祀、剽牛、歌舞。

景颇族：

目瑙纵歌（农历正月十五）。活动内容主要有祭祀、歌舞。

怒族：

年节（农历正月）。活动内容主要有敬祖、祭土、歌舞。

鲜花节（农历三月十五日）。主要活动是采花、歌舞。

阿昌族：

会街（农历八九月间）。活动内容主要有耍青龙、白象、跳象脚鼓舞。

普米族：

大年节（农历腊月）。主要活动有荡秋千、赛马、歌舞。

转山会（农历七月十五日）。活动内容主要有游山、歌舞。

藏族：

藏民节／藏历年（农历正月初）。活动内容主要有赛马、跳锅庄。

花儿会（农历六月十四开始，一般三天）。活动内容主要为对歌。

跳神法会（藏历除夕）。活动内容主要有祭祀、歌舞。

赛马会（农历五月初五）。活动内容主要有赛马。

回族：

古尔邦节／宰牲节（伊斯兰历十二月十日）。活动内容主要有团拜、宰牲。

开斋节（伊斯兰历十月一日）。活动内容主要有礼拜、诵经、歌舞。

圣纪节（伊斯兰历三月十二日）。活动内容主要有诵经、赞圣、礼拜、行善。

基诺族：

特懋克节（公历二月六日至八日）。活动内容主要有歌舞、串寨、打陀螺。

瑶族：

盘王节（农历十月十六日）。活动内容主要有祭祀、歌舞。

干巴节（农历三月初三）。活动内容主要有跳铜鼓舞。

夕九节（农历五月二十九日）。活动内容主要有歌舞。

达努节（农历五月二十九日）。主要活动有歌舞、武术、球赛。

歌堂节（农历十月十六日）活动内容主要有男女谈情说爱、对歌求偶。

倒稿节（农历十月十六日）。活动内容主要有斗牛赛。

掌肉待客节（农历五月二十九日）。主要活动是纪念始母密洛陀。

赶鸟节（农历二月初一）。活动内容主要有对歌。

姑娘街（春节后的第一个街日）。主要活动有物资交流、民间歌舞表演。

壮族：

陇端节（农历一至四月间）。主要活动有戏剧、杂耍、歌舞。

六郎节（农历六月初一或七月初一）。活动内容主要有祭祀、抢花炮、打篮球、赛马等。

布依族：

跳月（农历二月十三日至十五日）。活动内容主要有物资交流、民间歌舞表演。

三月三（农历三月初三）。主要活动有物资交流、民间歌舞表演。

六月六（农历六月初六）。活动内容主要有物资交流、民间歌舞表演。

跳花会（农历正月初一至二十一）。活动内容主要有吹唢呐、弹月琴、吹木叶。

水族：

端节（农历八月至十月）。活动内容主要有辞旧迎新、庆丰收、祭祀祖先等。

卯节（农历五、六月的卯日）。由于"端节"和"卯节"事实上都是过年，故过端节的地区不过卯节，过卯节的地区不过端节。

苏宁喜节（农历十二月丑日）。活动主要内容就是祭祀生母娘娘。

德昂族：

有泼水节、关门节、开门节、烧白柴等节日，活动内容都有泼水、歌舞、祭家堂、寨神、地神、龙、谷娘等。

蒙古族：

鲁班节（农历四月初二）。活动内容主要有祭祖、唱戏、耍龙灯、划彩船、跳舞等。

满族：

颁金节（农历十月十三日）。活动内容主要有祭祀、歌舞。

苗族的"花山节"

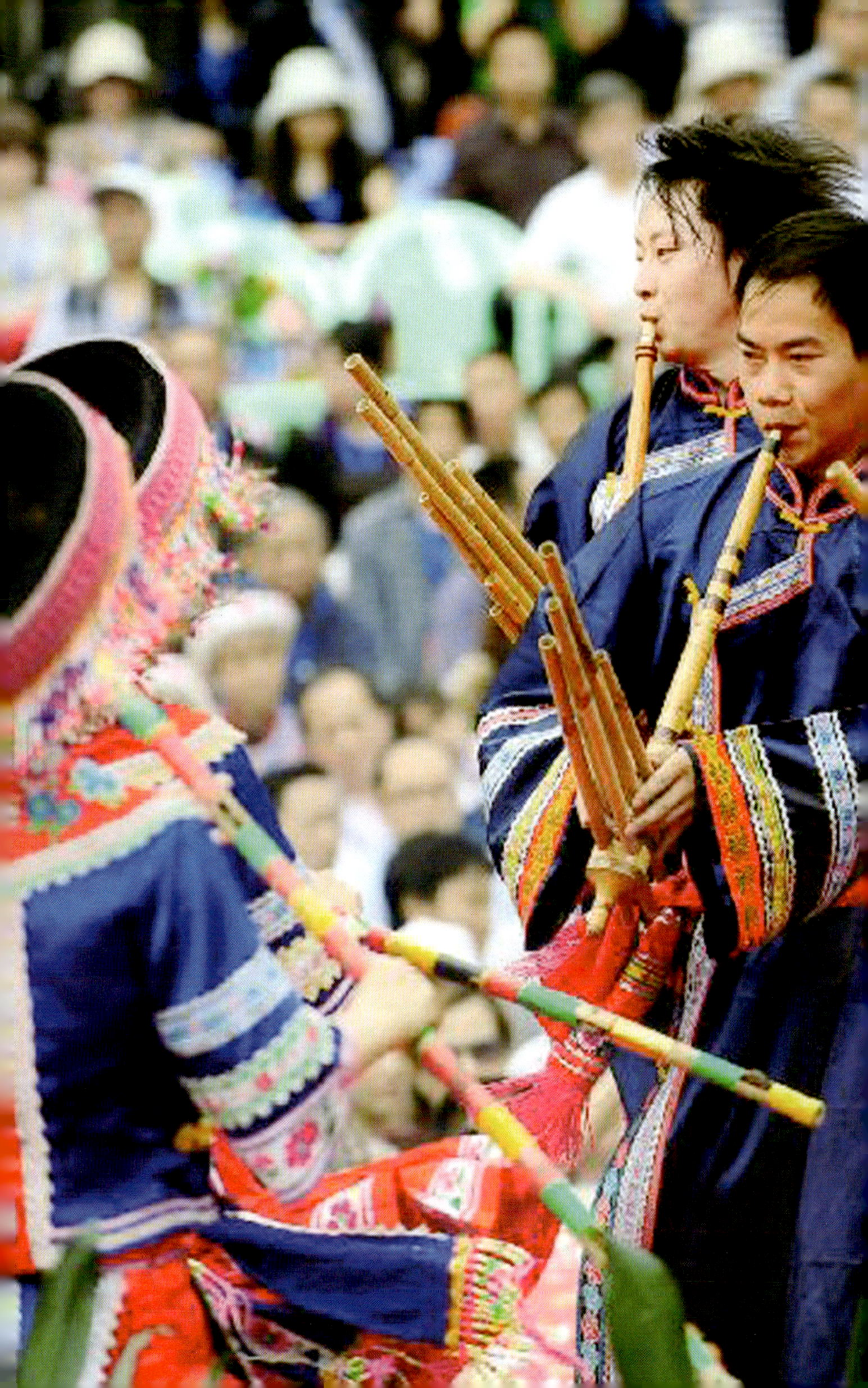

云南旅游

云南旅游资源十分丰富,以其独特的高原、峡谷、名城、民族、异域五大景观主体及多彩、奇特、风情、跨境、生态、探险六大特色旅游感受闻名于海内外。

云南拥有一批以高山峡谷、现代冰川、高原湖泊、喀斯特地貌、火山地热、原始森林、花卉、文物古迹、传统园林及少数民族风情等为特色的旅游景区,景点200多个。云南有5处世界遗产,1处世界地质公园,9处国家地质公园,3处国际重要湿地,17个国家级自然保护区,28个国家级森林公园;国家A级以上景区168个,其中5A级景区6个;有12个国家级风景名胜区,6座国家级历史文化名城,还有7座国家级历史文化名镇,7个中国优秀旅游城市,1个中国旅游强县等众多闻名于世的旅游品牌。

可以说,云南的东西南北中,处处都有壮丽山河、奇美风光、古朴民俗、神秘人文、异域魅力,堪称旅游资源丰富多彩,魅力无限,是一片美丽而神奇的天地,成为世人旅游观光的必选胜地。现今,云南依托丰富的旅游资源,形成了六大旅游景区和特色精品旅游线路。

滇中风景区——"高原观光、度假休闲、会展"精品旅游线路

滇中"高原观光、度假休闲、会展"旅游区位于云南省中部地区,由省会昆明市和玉溪市、楚雄彝族自治州组成。游览昆明市—玉溪市—楚雄州这条线路,可领略这里阳光明媚、四季如春的独特气候,饱览鲜花遍地、绚丽多彩的自然风光,体验古朴的民族风情,享受天然森林、温泉的休闲度假和"亚洲高尔夫天堂"的康体娱乐,参与国际交流等。

主要景区有:昆明市的圆通寺、昙华寺、翠湖公园、陆军讲武堂、云南民族村、世界园艺博览园、金殿名胜区、石林风景区、阳宗海风景区、九乡风景区、轿子雪山景区等;楚雄州内的紫溪

云南省旅游资源图

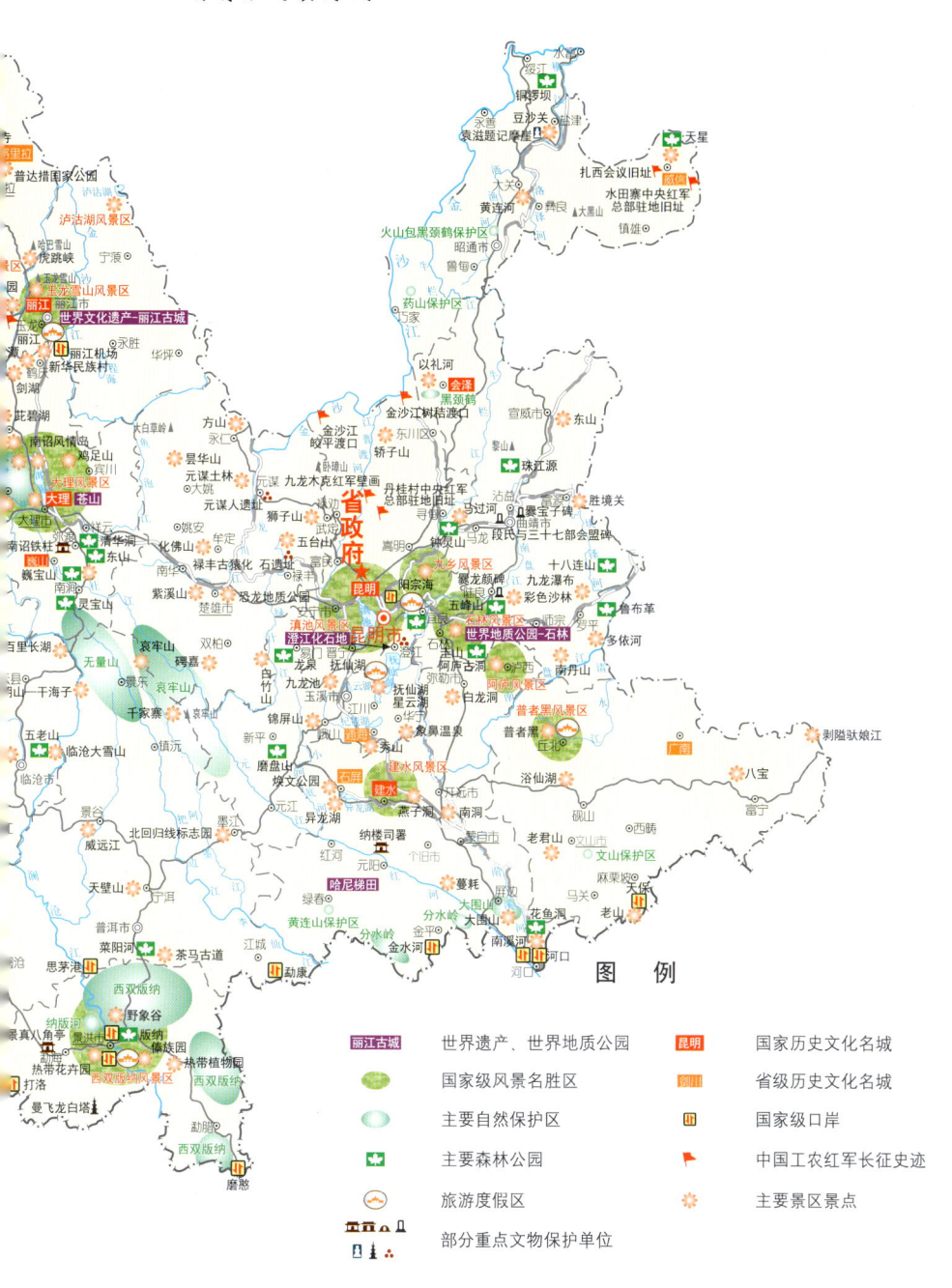

图例

丽江古城	世界遗产、世界地质公园	昆明	国家历史文化名城
	国家级风景名胜区	剑川	省级历史文化名城
	主要自然保护区		国家级口岸
	主要森林公园		中国工农红军长征史迹
	旅游度假区		主要景区景点
	部分重点文物保护单位		

45

云南陆军讲武堂　　　　　　　　　　　　　迪庆的香格里拉（纳帕海）（小中甸风光）

山、武定狮子山、禄丰世界恐龙谷、元谋人遗址、元谋土林等景区；玉溪市境内的抚仙湖、星云湖、杞麓湖、通海秀山、三圣宫、玉溪映月潭、锦屏山、汇龙生态园、澄江动物化石群等，以奇特地质、高原湖泊、民族文化旅游为特色。

滇西北风景区——"香格里拉生态与古滇民族文化"精品旅游线路

  滇西北"香格里拉生态与古滇文化"旅游区，位于青藏高原的东南延伸部分、横断山纵谷地带。包括大理白族自治州、丽江市、迪庆藏族自治州和怒江傈僳族自治州。沿大理州—丽江市—迪庆州—怒江州这条线，可观赏雪山峡谷、高山草甸、江河湖泊等壮丽的自然风光、自然遗产和大量的古滇民族文化遗产，可体验多种民族独特的风情及灿烂的民族民间雕刻、刺绣等手工艺术，了解世界记忆遗产东巴文字，聆听"音乐活化石"纳西古乐，游览世界遗产"丽江古城"、"三江并流"；探寻人间天堂"香格里拉"。

  主要景点景区有：大理州的大理古城、崇圣寺三塔、南诏太和

民族风情园　　　　　　　　　　　　　腾冲热海

城遗址、洱海公园、蝴蝶泉、苍山、大理洋人街、鸡足山景区、石宝山风景区、巍宝山风景区；丽江市的丽江古城、玉龙雪山、云杉坪、黑龙潭、玉峰寺、丽江壁画、长江第一湾、石城和泸沽湖风景区；迪庆州的香格里拉、噶丹·松赞林寺、碧塔海、虎跳峡、梅里雪山、白马雪山、达摩祖师洞、木土司城堡遗址、戈登遗址、茨中天主教堂和怒江州的怒江第一湾、野牛谷、独龙江、罗古箐、老窝土司衙门、驼峰航线片马抗英胜利纪念馆、丙中洛风景区、石月亮等。

滇西南风景区——"热带雨林风光及异国风情"精品旅游线路

　　滇西南"热带雨林风光及异国风情"旅游区地处云南西南部，包括西双版纳傣族自治州、普洱市、临沧市。游览西双版纳州—普洱市—临沧市这条线路，可观赏绚丽多姿的热带、亚热带原始森林景观，体验傣族、基诺族、佤族等少数民族浓郁的民族风情。这条线路顺着澜沧江还可以延伸至国界之外的中南半岛。沿着澜沧江—湄公河黄金水道，可饱览中老、中缅边境的风光，体验独特和神秘的异国风情，还可抵达老、缅、泰三国交界处的"金三角"，乃至泰国清

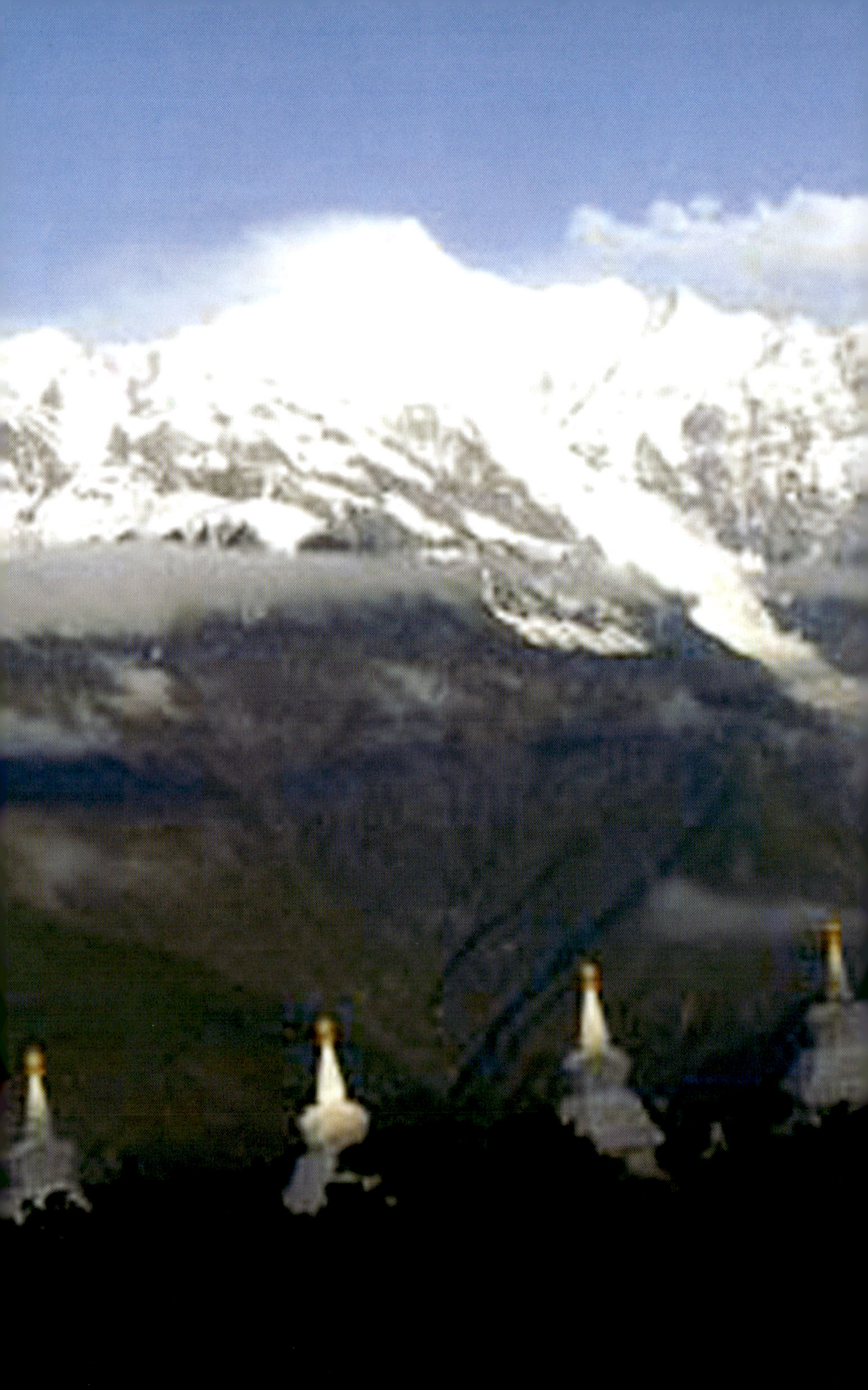

迈、清盛、清孔一带。

主要景点景区包括：西双版纳州的民族风情园、澜沧江沿江风景、热带植物园、野象谷、景真八角亭、曼龙飞塔和普洱市的菜阳河森林公园、小黑江森林公园、整控江摩崖、茶马古道以及临沧市的临沧大雪山、南汀河、大朝山干海子、永德大雪山、五老山国家森林公园、南滚河自然保护区等。

滇西风景区——"火山、地热及边境异域风光"精品旅游线路

滇西"火山、地热及边境异域风光"旅游区位于云南西部，包括德宏傣族景颇族自治州和保山市。德宏州—保山市这条线路以秀丽的湖光山色和傣族、景颇族风情为主要特色。游览这条线路，可沿滇缅公路游览西南丝绸之路的名胜古迹，德宏瑞丽江—大盈江边境两岸风光，体验傣、景颇、德昂等少数民族风情，考察中国最大的珠宝交易市场，享受淘宝的乐趣。

主要景点景区包括：德宏州瑞丽市姐告口岸、莫里热带雨林、瑞丽江、树包塔、勐巴娜西珍奇园、姐勒大金塔、允燕佛塔、瑞丽边贸街、喊萨奘房、盈江虎跳石和保山市的腾冲热海、火山地质公园、和顺古镇、樱花谷、叠水河瀑布、邦腊掌温泉、槟榔江风光、云峰山、北海湿地、国殇墓园等。

滇东南风景区——"喀斯特山水文化与民族风情"精品旅游线路

滇东南"喀斯特山水文化与民族风情"旅游区地处云南省的东部和东南部，包括曲靖市南部地区、红河哈尼族彝族自治州、文山壮族苗族自治州。沿曲靖市—红

梅里雪山

河州—文山州这条旅游线路,可观赏云南东南部以喀斯特岩溶地貌为主的山、水、林、洞等自然景观,领略壮、苗、布依、哈尼等少数民族风情和边贸观光。除惊叹世界上最大的天然花园罗平油菜花海的秀丽壮观、彩色沙林沙雕作品的美轮美奂、哈尼梯田的大气磅礴、普者黑的山水诗情外,还可以乘坐当年由法国人修筑的米轨旅游小火车,体验滇越铁路百年的历史和沧桑;可以走进滇南那些有着几百年甚至上千年历史的名城、古镇和众多的深宅大院,去寻幽访古。

主要景点景区包括:曲靖市的珠江源景区、彩色沙林、爨龙颜碑、海峰湿地、多依河风景区、油菜花海、龙马石林和红河州的元阳梯田、建水古城、燕子洞、阿庐古洞、开远南洞、屏边大围山、异龙湖、中越口岸边境贸易观光及文山州的普者黑、坝美、八宝风景区、老君山、老山、三腊瀑布、浴仙湖、广南莲湖、天保口岸等。

滇东北风景区——"红土高原与古滇文化"精品旅游线路

滇东北"红土高原与古滇文化"旅游区地处云南高原东北部,以昭通市为主,包括曲靖市的部分地区。昭通、曲靖两地历史久远,资源丰厚,是研究与探索云南古代文化、近代文化和红色文化的基地。沿昭通市—曲靖市这条旅游线路,可浏览两地在古代和近代留下的许多古迹、遗址、碑林,欣赏巍巍乌蒙山,千姿百态的瀑布群与郁郁葱葱的森林浑然一体,如诗如画,以及让人陶醉、令人神往的红土高原等风光。这片滇东北高原上的绿洲,不论春夏还是秋冬,都是一片生机。冬有冬雪,秋有秋韵,夏有夏景,春有春色是乌蒙山诱人的亮丽风景线。

主要景点景区包括:昭通西部大峡谷温泉、黄连河风景区、大山包黑颈鹤、巧家药山、观斗山石雕、躲军洞、五尺道、豆沙关、凤凰山、孟孝琚碑、龙氏家祠、扎西会议旧址和曲靖市东北部的会泽古镇、英武山、凤凰谷、大海草山、红土地等。

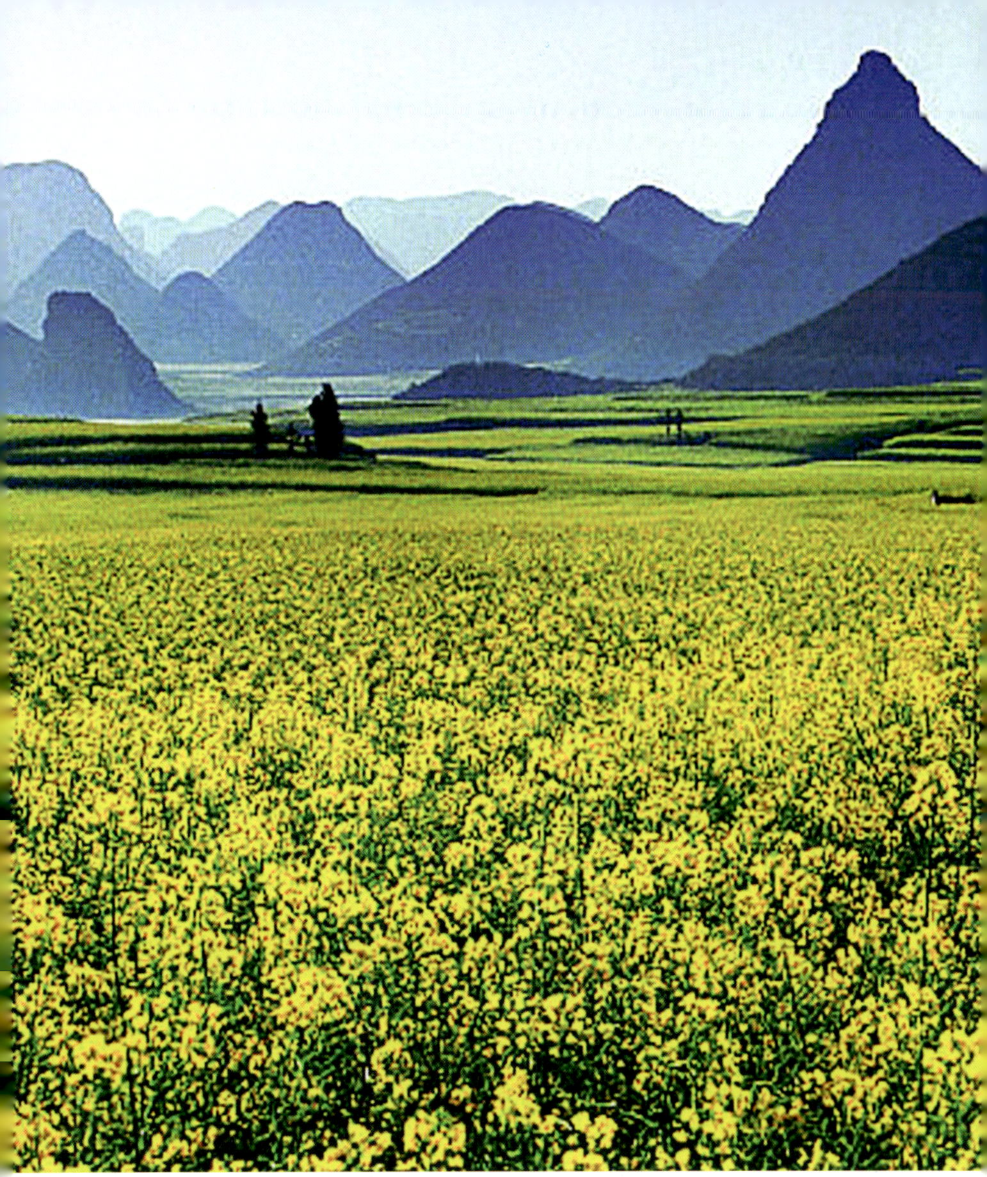

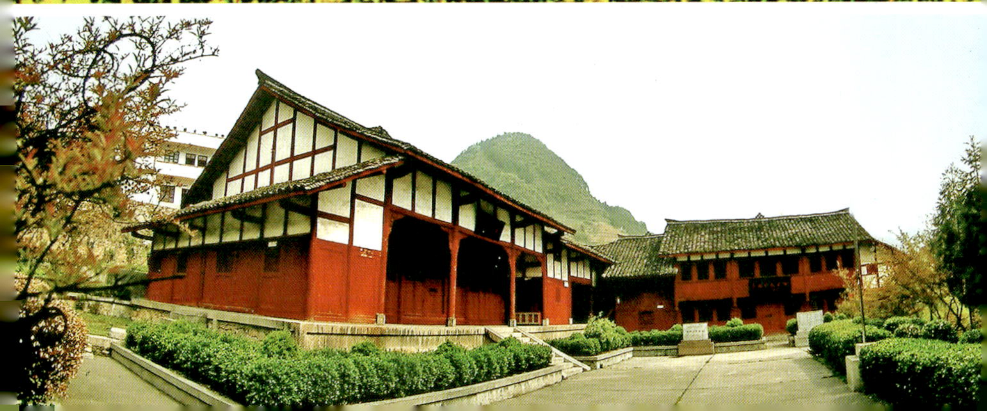

世界遗产

丽江古城

又名"大研镇",位于云南省丽江市玉龙雪山下。古城把经济和战略重地与崎岖的地势巧妙地融合在一起,真实、完美地保存和再现了古朴的风貌。古城的建筑因历经无数朝代的洗礼,饱经沧桑,又融合了各个民族的文化特色而声名远扬。丽江还拥有古老的供水系统,这一系统纵横交错、精巧独特,至今仍在有效地发挥着作用。1997年被列入《世界文化遗产名录》。丽江也是中国的历史文化名城之一。

三江并流

位于云南省西北山区的三江国家公园内,面积170万公顷,包括八大片区,金沙江、澜沧江和怒江三条大江在此区域内并行奔

腾,途经深3 000多米的峡谷和海拔6 000多米的冰山雪峰。这里是中国和世界上温带生物多样性最丰富的区域、世界上蕴藏最丰富的地质地貌博物馆。2003年被列入《世界自然遗产名录》。

石 林

位于云南省昆明市石林彝族自治县境内,是世界唯一位于亚热带高原地区的喀斯特地貌风景区,素有"天下第一奇观"、"石林博物馆"的美誉,是首批中国国家重点风景名胜区和中国国家地质公园、首批世界地质公园,与北京故宫、西安兵马俑、桂林山水齐名,成为中国四大旅游胜地之一。2007年被列入《世界自然遗产名录》。

澄江化石地

位于云南省玉溪市澄江县帽天山,生动地再现了5.3亿年前海

丽江古城

洋生命的壮丽景观和现生动物的原始特征,是迄今为止地球上发现的分布最集中、保存最完整、种类最丰富的"寒武纪生命大爆发"例证,被国际科学界誉为"古生物圣地"、"古生物化石模式标本产地"、"世界级的化石宝库"和"20世纪最惊人的古生物发现之一"。2012年被列入《世界自然遗产名录》,填补了中国化石类自然遗产的空白。

哈尼梯田

位于云南省红河哈尼族彝族自治州红河南岸,遗产区面积16 603公顷,包括了最具代表性的集中连片水稻梯田、水源林、灌溉系统、民族村寨,这里的梯田从山脚延伸至海拔2 000多米的山巅,级数达3 700多级,规模宏大,气势磅礴,是人与自然和谐的杰作,被誉为"伟大的大地雕刻"。2013年被列入《世界文化遗产名录》,成为世界上第一个以民族名称命名的世界文化遗产。

世界遗产

国家重点风景名胜区

云南省国家重点风景名胜区除石林、三江并流外,还有大理、西双版纳、昆明滇池、丽江玉龙雪山、腾冲地热火山、瑞丽江—大盈江、九乡、建水、普者黑、阿庐等风景名胜区。

大理风景名胜区

大理是白族的主要聚居地,曾是南诏国、大理国的国都,是我国的历史文化名城之一。主要景点有大理古城、崇圣寺三塔以及太和城遗址、洱海公园、蝴蝶泉、苍山等。大理四绝"风、花、雪、月"闻名于海内外,一年一度的三月街和绕三灵都在大理举行,堪称大理民族风情的画廊。

大理的苍山、洱海

西双版纳风景名胜区

位于西双版纳州境内,包括景洪市风景片区、勐海县风景片区、勐腊县风景片区三大块,以种类繁多的动植物资源著称。其中,建在澜沧江支流罗梭江畔的葫芦岛上的中国科学院西双版纳热带植物园是中国面积最大、植物多样性最丰富的植物园。植物园由著名植物学家蔡希陶教授于50年代带领植物科学工作者创立,占地面积900公顷,共栽培6 000多种世界珍稀热带植物,是热带雨林中璀璨的绿宝石。

昆明滇池风景名胜区

位于昆明市区西部城郊。方圆五百里,既有湖泊的秀逸和韵味,又有大海般的气势和情调。湖水碧绿如玉、烟波浩渺,素有"高原明珠"之称。游览滇池,既可环湖探访石器时代的遗址,追寻古滇

王墓的踪迹,探索云南文化摇篮的奥秘;又可饱览西山、白鱼口、郑和故里、盘龙古寺、官渡金刚塔等名胜古迹。

丽江玉龙雪山风景名胜区

位于丽江城西北,是北半球位置最南的大雪山。主峰扇子陡海拔5 596米。高山雪域风景位于海拔4 000米以上,以险、奇、美、秀著称于世,不仅气势磅礴,而且秀丽挺拔,造型玲珑,皎洁如玉,灿烂如剑,像一条银色的玉龙永恒飞舞,因此得名玉龙山。

腾冲地热火山风景名胜区

位于云南省西部边陲,面积129.9平方千米。境内分布着气泉、热泉、温泉80多处,以及90多座火山锥。为我国第二大热气田,因泉水数量多且温度高,故称"热海"。泉水含氯、钙、镁、钼、钾、硫、氢等矿物质,水温达97℃。利用热气进行熏蒸可治疗神经、消化、呼吸、皮肤、妇科等疾病。

瑞丽江—大盈江风景名胜区

位于德宏州,与缅甸接壤,面积659平方千米。景区内江水荡漾,水流平缓,清平如镜;两岸熔岩千姿百态,树葱竹翠,白鹭、野鸭群飞,缅寺、古塔众多,景色别具风姿。景区内有几处对外开放口岸,异国情调奇特,民俗风情浓郁多姿。

九乡风景名胜区

距昆明市宜良县城20多千米,在不足60平方千米的区域内分布着大小洞穴近百座。洞穴内有独特的亚热带高原洞穴系统和流域洞穴群;有地缝式峡谷、洞穴峡谷、多层洞穴、洞穴瀑布、边石盆等景观;有中国南方4万—10万年前的晚期智人活动遗址,为国内规模最大、数量最多、景观最奇特的洞穴群落体系和独具特色的喀斯特地质公园。

国家重点风景名胜区

腾冲珍珠泉

丽江-大盈江

九乡风景区

玉龙雪山

59

阿庐古洞　　　　　　　　　　　　　　　　　　　　　丘北普者黑

建水风景名胜区

　　景区包括中国历史文化名城建水古城和著名的风景区燕子洞两大部分。建水古称临安，自元代以后就是滇南政治、文化、交通中心。这里有保存完好的文庙、朝阳楼、朱家花园等一大批古建筑和古式民居，堪称"古建筑博物馆"。燕子洞是亚洲最大、最壮观的溶洞之一，有上百万只雨燕巢居，洞内有四万多平方米的钟乳奇观，当地人攀援绝壁采撷燕窝的绝技令人惊心动魄。

普者黑风景名胜区

　　位于文山州丘北县城西北，是典型的喀斯特地貌。景区主要有

建水文庙牌坊

大小湖泊16个,总面积近2万亩,平均水深4米,有250多个景点,300多座孤峰,80多个溶洞,20千米野生荷水路,形成了20千米的水上旅游航线。水质长年清澈见底,乘小木船观光游览,犹在画中行,仿佛置身于"真、幻、诗、画"的境界里。

阿庐风景名胜区

位于红河州泸西县城西郊。"阿庐古洞"为彝语,意即"前面有平坦草地的虎洞",系宋元时云南"三十七蛮部"之一"阿庐部"的穴居点。古洞约成型于2亿年前,曾是一片汪洋,后来地壳隆起,海水退位,形成了岩溶景观。

历史文化名城

国家级历史文化名城

云南国家级历史文化名城除了丽江、大理、建水外,还有昆明、巍山、会泽等,共计6座。

昆明

昆明,古为"大理国"拓东城池,从元朝开始成为云南省会和政治、经济、文化、交通中心。城区坐落在滇池坝子,三面环山,南濒滇池,湖光山色交相辉映;城内古雅建筑、庙宇和民居别具风格;冬无严寒,夏无酷暑,四季如春,鲜花常年开放,草木四季常青,素有"春城"、"花城"美誉。

巍山

位于云南省西部大理州南部。古城始建于明洪武二十三年(1390年),城内古建筑星罗棋布,文物古迹众多,景观别致。明代以来,人文蔚起,留下许多珍贵墨迹,清乾隆年间被御封为"文献名邦"。县城东南部的巍宝山是全国十四座道教名山之一,风景优美,古建筑建造精美。巍山又是少数民族聚居地,民族民间艺术古朴深厚。

会泽

位于云南省东北部,具有210多年的历史,目前尚留文物古迹130多处,有100余座历代会馆、寺庙。始祖崇拜各异,建筑风貌格局多样,保存较好的有江西庙、大佛寺、西来寺等,民宅街区也很有特色,有二进院、三进院、走马串阁楼等。是独树一帜的多元文化历史名城。

除此之外,云南还有19座省级历史文化名城,7座国家级历史

历史文化名城

昆明碧鸡坊

会泽

巍山城

文化名镇,19座省级历史文化名镇和15个省级历史文化名村。被人们称道最具特色和影响力的有腾冲和顺镇、大理喜洲镇、建水临安镇、丽江束河古镇、孟连娜允镇、昆明官渡古镇、瑞丽畹町古镇、玉溪大营街镇、禄丰黑井古镇、鹤庆新华村等"云南十大名镇"。

历史文化名人

云南人杰地灵,涌现出了许多历史文化名人。比较著名的有:先秦时期的滇王庄蹻;隋唐时期(南诏国)的滇王皮逻阁;两宋时期(大理国)的段思平;元朝时期的赛典赤;明朝时期的开疆功臣傅友德、蓝玉、沐英、沐春,朝廷官吏杨一清、朱家民、杨绳武、包见捷、陈表、胡平表、傅宗龙、雷跃龙、王锡衮和医学家兰茂;清朝时期的朝廷官吏严清、李因培、赵士麟、朱嶟、赵光、何桂清、陈时夏、丁槐、史沣、何桂珍、王人文、状元袁嘉谷,著名商人李沅,银行家王炽,画家缪嘉蕙;民国时期的陆军上将顾品珍、刘祖武、李鸿祥、谢汝翼、罗佩金、张开儒、赵复祥、叶荃、黄毓成、朱培德、金汉鼎、唐淮源、王钧、范石生、胡瑛、龙云、卢汉、杨杰、杨增新、丁槐、谭庆林,"中华民国"代总理李根源,教育总长王九龄,司法总长张耀曾,云南都督唐继尧,儒商郑一斋,科学家陈一得等。其中,最具影响力的是"云南籍十大历史文化名人"。

熊庆来

(1893—1969年),字迪之,出生于云南省弥勒县息宰村。著名数学家、数学教育家、东南大学数学系的创始人。曾赴比利时、法国留学,获数学硕士学位。1920年创办清华大学算学系及研究部,陆续写成《高等数学分析》、《方程式论》等著作。曾在法国从事数学研究,撰写了《关于整函数与无穷极的亚纯函数》等论文,其创见被学术界称之为"熊氏定律"。

熊庆来

聂 耳

(1912—1935年),原名守信,字子艺,一作紫艺,出生于云南省玉溪市。音乐家。中学时代即加入共青团,1933年加入中国共产党,积极参加进步音乐、戏剧、电影的创作和演出活动。创作的歌曲有《义勇军进行曲》、《毕业歌》、《大路歌》、《开路先锋》等30余首,成为"中国革命之号角"。其中,《义勇军进行曲》被定为中华人民共和国国歌。

皮逻阁

(697—748年),云南蒙舍州(今巍山)人,南诏第四代王。于唐开元十六年(728年)即位后,在唐王朝的支持下并吞了其他五诏,使洱海地区统归南诏管辖,继而将南诏发展为统治整个云南及其周边广阔区域的西南地方政权,创下了丰功伟业。

孙 髯

(1711—1773年),字髯翁,号颐庵。祖籍三原,随父寓居昆明。自幼聪颖好学,广交诗人墨客。在文禁森严的清代雍乾之际,把感慨熔铸于一百八十字的大观楼长联中,思想内容深刻,艺术形式完美,旷古未有,该联被誉为"天下第一长联"、"古今第一长联"。

郑 和

(1371—1433年),原姓马,小字三保,出生于云南昆阳州(今晋宁县)宝山乡和代村,回族。明代航海家、外交家。1405—1433年的28年间,郑和率领船队七下西洋,使明朝与海外各国广泛建交,发展多种形式的海外贸易,促进了中外各国的文化交流与发展,为世界航海事业的发展和各国人民之间的交流做出了不可磨灭的贡献。

唐继尧

（1883—1927年）,字莹赓,别号东大陆主人,会泽人,同盟会会员。1909年从日本留学回滇,曾在讲武堂担任教官、从事革命活动。曾任云南都督、护国都督兼第三军总司令,辛亥革命爆发后,参加了蔡锷指挥的昆明重九起义,发起了推翻袁世凯的"护国运动",建树奇功。

龙云

（1884—1962年）,原名登云,字志舟,昭通人,彝族。1948年加入民革,历任民革第二届中央委员、第三届中央副主席、第四届中央常委。龙云先后主政云南17年,期间,他努力革新,支持民主运动,坚持抗日,先后派出20多万滇军奔赴抗日战争前线,参加了台儿庄战役、武汉保卫战等;他下令修筑的滇缅公路,是战时中国唯一的一条国际通道。

卢汉

（1895—1974年）,原名邦汉,字永衡,云南昭通人,彝族。著名抗日爱国将领,原国民党滇军高级将领,国民革命军陆军二级上将。1949年12月9日在昆明率部起义,和平解放云南;1955年被授予一级解放勋章。历任云南军政委员会主席、西南军政委员会副主席、国家体委副主任、国防委员会委员、全国人大第二、三届常委、全国政协第二、三、四届常委。

郑和

唐继尧

龙云

楚图南

（1899—1994年），曾用名楚曾、方鹏，云南文山人。政治家、作家、文学翻译家、书法家。曾任暨南大学、云南大学、上海法学院教授。新中国成立后，历任北京师范大学教授、西南文教委员会主任、对外文化协会会长、民盟中央代主席、二至五届全国政协常委、第六届全国人大常委会副委员长等职。

艾思奇

（1910—1966年），原名李生萱，云南腾冲人，蒙古族后裔。哲学家、教育家和革命家。1935年参加中国共产党。长期从事马克思主义哲学研究、宣传和教育工作，专注于把马克思主义哲学通俗化和大众化。积极与各种唯心主义哲学论战，捍卫辩证唯物主义和历史唯物主义。著作有《大众哲学》、《哲学与生活》、《艾思奇文集》，主编有《辩证唯物主义与历史唯物主义》等。

卢汉

楚图南

艾思奇

云南特色文化

享誉中外的民族特色文化资源

云南悠久的历史和灿烂的民族文化积淀,沉淀了丰富而绚丽多姿的民族地域习俗、民族艺术、民间文学、民族宗教等民族文化资源。

民族地域文化

主要包括:以丽江市纳西族象形文字为代表的纳西传统东巴文化、以西双版纳州贝叶经为代表的傣族传统贝叶文化、以彝族地区原始宗教为代表的传统毕摩文化、以洱海为中心的滇西广大地区古代民族传统洱海文化、滇池周围地区古滇人创造的滇池文化、以曲靖地区为中心的爨文化、以流域为特征的三江流域文化和红河流域文化、以地名为特殊地理符号的历史流域文化等。

民族习俗文化

主要包括:民族传统习俗节日文化、民族原始宗教傩文化等,还有云南民族火塘文化、茶文化、酒文化、马帮文化、服饰文化等。

民族艺术文化

主要包括:民族音乐、民族舞蹈、民族戏剧、民族曲艺等。

民间文学文化

主要包括:民族史诗、民族神话传说、民族民间故事、民族叙事长诗、民族民间歌谣、民族民间谚语和民族戏剧文学等。

民族宗教文化

主要包括:纷繁的民族原始宗教自然崇拜、图腾崇拜、生殖崇拜、巫及巫术等。

《云南印象》剧照

影响深远的文化精粹

云南依托丰厚的民族文化资源,以其鲜明的文化个性,浓郁的民族特色,使云南文化艺术成就斐然,成为民族文化大省,许多的文化精粹名扬中外,给人带来"云南现象"的震撼。

《云南印象》

是一台将云南原创乡土歌舞与民族舞重新整合的充满古朴与新意的大型歌舞集锦。参与演出的演员来自各村寨的少数民族,其原汁原味的服装道具,不加雕琢的唱腔和原始自在的舞技,将传统歌舞和新锐舞蹈、现代舞完美融合,再创了神话般浓郁的民族风情,被誉为"民族舞蹈的再启蒙"。

滇剧

滇剧是丝弦、襄阳、胡琴等声腔于明末至清乾隆年间先后传入云南而后逐渐发展形成的,流行于云南九十多个县市的广大地区。滇剧曲调流畅,旋律轻快、幽默,可用于喜剧,也可用于悲剧,表演富于生活气息,善于刻画人物,是一种老百姓喜闻乐见的戏曲形式,在民间广泛流行。

花灯戏

云南花灯戏源于民间花灯歌舞,是清末民初形成、流行的地方戏曲。受各地语音、民歌小曲影响而形成不同演唱和表演风格,有昆明花灯戏、玉溪花灯戏和姚安花灯戏三大支系。其中昆明花灯保留明清小曲及剧目最多,以胡琴伴奏为主;玉溪花灯革新最早,被称为"新灯";姚安花灯民歌色彩浓重,用笛子、梆子伴奏,它们都具有朴素单纯的民间艺术特色。

东巴文

东巴文创始于唐代,距今已有一千多年的历史,至今仍为东巴(祭司)、研究者和艺术家所使用。东巴文被认为是比巴比伦楔形文、古埃及圣书字、中美洲玛雅文和中国甲骨文更为原始古朴,世界上唯一仍然活着的象形文字,被誉为人类社会文字起源和发展的"活化石"。

贝叶经

贝叶经是写在贝树叶子上的经文,已有2500多年的历史,是研究古代西藏文化、语言文字、佛教、宗教艺术等方面的重要原始资料,素有"佛教熊猫"之称。贝叶文化从佛寺到民间,成为傣族文化的代表和象征,在世界人类历史文化中独树一帜,显示出其影响和价值。

爨龙颜碑

始建于南朝刘宋孝武帝大明二年(458年),距今已有1500多年,是云南现存的晋宋年间最有价值的碑刻之一。该碑碑文追溯了爨换家族的历史,记述了爨龙颜的事迹,为后人研究爨换家族及晋南北朝时期的云南历史,提供了宝贵的资料。

沧源崖画

产生于3000多年前的新石器时代晚期。崖画的图像有狩猎、放牧、舞蹈、归家、娱乐等内容,真实生动地记录了先民们生产、生活

东巴文

贝叶经

白沙壁画

沧源崖画

的各种场面,可谓是云南各民族原始社会的百科全书,是研究云南多民族原始生活的宝贵资料。

洞经音乐

　　源于古代中原道教的丝竹乐,于明永乐七年(1409年)由四川传入大理,再传到云南各地。在明代已经开始兴盛,清代则大发展、大繁荣、大融合。乐曲风格优美、朴实、典雅。现在民间生根开花,流行于云南汉族地区和纳西族、彝族地区,是音乐的活化石。

大观楼长联

　　长联是乾隆年间名士孙髯登大观楼有感而作。上联写滇池风物,似一篇滇池游记;下联记云南历史,似一篇读史随笔。该联想像丰富,意境高妙,内涵美质,外溢华彩,气势磅礴,一气呵成,被誉为"天下第一长联"。长联挂在大观楼200多年,使大观楼成为与黄鹤楼、岳阳楼、滕王阁齐名的四大名楼之一。

白沙壁画

　　它的绘制从明初到清初,先后延续了300多年。它是明代纳西族社会大开放的产物,是丽江世界文化遗产的组成部分,是丽江东巴文化的表现形式之一。白沙壁画对各种宗教文化和艺术流派兼收并蓄,独树一帜,涉及的题材也比较广泛,对飞跑的骏马、盛开的荷花、山林田野、花鸟草虫等自然风光都有描绘,还有宗教、生活故事。白沙琉璃殿、大宝积宫和大定阁等庙宇是现存收藏壁画最多的地方。

71

专题三：云南十八怪

  云南独特的地理风貌，特殊的气候环境，多彩的民族风情，奇特的风俗习惯，产生了许多不同于其他地方的"奇异现象"，远来的客人把耳闻目睹的奇闻异趣冠为"怪"，并逐渐流传开来，因而也就有了"云南十八怪"之说，它也成为云南民族文化的一张名片。

第一怪　鸡蛋用草串着卖

  云南多山地，为了方便携带鸡蛋上市，当地人用稻草包装并编成串串，便于保护鸡蛋不易破碎，也恰似一件奇特的艺术品。

第二怪　米饭饼子烧饵块

  用米饭捣成的"年糕"，切成精细均薄的"面饼"，再用炭火烤一烤，又在上面抹点甜酱，特别香。云南人把这种携带方便可口的食品称之为"烧饵块"。

第三怪　三只蚊子炒盘菜

  云南崇山峻岭，气候温和。森林里，草沟中，枝叶繁茂，养育出的蚊虫个头非同一般，戏称只用三只蚊子就可炒盘菜。

第四怪　石头长到云天外

  云南昆明的石林风光，称之为"天下绝景"，其鬼斧神工之态，高耸林立之势，令人感到不可思议。

第五怪　摘下草帽当锅盖

  云南少数民族聚居的地方，多用草编织而成帽子形状的锅盖。这种锅盖不仅捂盖得严，而且还能够给食物增添一种清香，古朴而奇特。

第六怪　四季服装同穿戴

  云南多数地方四季如春，特别是昆明等地长年温暖不变的气候，使人们的衣着多彩多姿。

第七怪　种田能手多老太

  云南险峻的高原造就了勤劳、勇敢的各民族人民，形成了男子狩猎、女子耕作的习俗，长此以往，妇女便成了种田能手。

第八怪　竹筒能做水烟袋

  云南竹资源多，勤劳智慧的人们学会了用竹筒做水烟具。竹筒做的水烟具颇具科学性，既能保持旱烟的醇香，又能过滤其它杂质，而且吸烟时会产生好听的"咕咚、咕咚"声音。有些做得精致的水烟具堪称工艺品。

第九怪 马儿袖珍又能耐

云南土生土长的牲口与北方的牲口相比个头小,但是很能驮,特别能爬山,尤其是在高山陡坡上更能体现其非凡本事,令人称奇。

第十怪 蚂蚱能做下酒菜

云南生物资源丰富,可食用的昆虫种类很多。特别是把蚂蚱炸得焦黄,张嘴一咬,"咔嚓",又香又脆,真是就地取材招待亲朋好友下酒的美味佳肴。

第十一怪 常年都出好瓜菜

云南土地肥沃,气候温和,尤其热区,是天然温室,几乎任何时候都能出产瓜果蔬菜。

第十二怪 好烟见抽不见卖

云南出产好烟世界闻名,云南人既为自己出产的一流卷烟感到自豪,也为在自己家门口买不到好烟而感到困惑。

第十三怪 茅草畅销海内外

云南山里的东西样样都是宝,特别是经过加工的各类民族特色产品,深受海内外客商的青睐。

第十四怪 火车没有汽车跑得快

云南山高路险,常常使现代化交通工具有劲使不上,尤其是滇越铁路现在还保留的小火车,速度赶不上汽车快。

第十五怪 娃娃出门男人带

云南的男子汉爱妻、爱儿成为风尚,"模范丈夫优秀爹"在街头比比皆是,成为云南的名片。

第十六怪 山洞能跟仙境赛

云南的溶洞多、奇、大、美,开发出来的溶洞一个比一个大,一个比一个美,一个比一个传奇。

第十七怪 过桥米线人人爱

云南人以滚烫的鸡汤配以生肉、生菜和米粉条做成的一种吃法独特的风味小吃,全国有名,老少皆宜。

第十八怪 鲜花四季开不败

云南生物资源丰富,气候四季如春,素有"天然花园"之称,所到之处,都有盛开的鲜花。

考古发现

云南是一个巨大的地质博物馆。经考古发掘的古猿、古人类、旧石器时代的遗址、墓葬数以千计,所获人类遗骸、动物标本,以及旧石器和新石器时代的石器、陶器、骨器、角器、蚌器等各类标本数以万计。共调查登记不可移动文物有3 172处,文物点6 800多处,令世人瞩目。以下是"十五"期间评选出的具有极高科研价值的"十大考古发现"。

元谋姜驿恐龙化石点

元谋姜驿恐龙化石点,是云南省已知分布面积最大、恐龙化石埋藏最丰富的地点,出土了不少于6个个体的恐龙化石,其中3个保存较完整,且是不同于国内已知类型的新型恐龙。

宜良九乡张口洞遗址

宜良九乡风景名胜区内发现的张口洞遗址,发掘出土了10件古人类化石,其中1颗镶嵌在地层中的牙齿化石距今约11万年,属世界罕见的旧石器中晚期遗址堆积。

富源大河遗址

富源大河遗址是我国目前仅有的具有欧洲旧石器时代中期莫斯特文化特征的遗址。出土了距今4万年前的2 000多件石制品,其中的盘状石核、三角形尖状器等,与莫斯特文化典型器物如出一辙。

兰坪玉水坪遗址

该遗址器物的出土使怒江州澜沧江流域的人类活动历史至少推前了6 000年。经与保山塘子沟旧石器遗址出土器物相比对,其年代至少可以上溯到一万年前,甚至更早。

耿马石佛洞遗址

在该遗址发现的石灰岩洞穴内建有房屋,属国内仅见、世界罕见。出土的多棱六星形器、六星璧、双翼矛等都有极高的加工水准。多棱六星形器究竟是如何加工,作何用途,至今仍是个谜。

大理银梭岛贝丘遗址

该遗址是云南省首次发掘的新石器时代至青铜时代的贝丘遗址。发掘获取了14 000余件小件器物,清理出石墙、柱洞、灰坑、火堆、水沟、墓葬等遗迹,其年代跨度大,最早距今5 000年,最晚至公元前后。

鲁甸野石山遗址

是云南青铜时代早期独具特色的文化代表。遗址共清理文化层5层,出土陶片300余袋,地层中夹带大量完整的陶器,十分罕见。遗址年代在距今3 000年左右。

天子庙贝丘遗址

昆明西山天子庙贝丘遗址是滇池盆地首次发掘的"滇文化"遗址,为青铜时代生活在滇池西岸居民的一个渔猎场所。为复原滇池区域古代居民的生活图景提供了重要资料。

会泽水城墓地

会泽水城墓地考古发掘面积达3 000多平方米,发掘出西汉和东汉时期的古墓葬24座,发现墓上建筑和居住建筑遗迹各两处,拥有排水设施和墓上建筑,是目前发现的同时期规模和墓穴最大的墓地。

大理羊苴咩城遗址

羊苴咩城曾为南诏国和大理国的都城,历时近500年。遗址发掘出大量城址遗迹,发现了房屋、水井、石坑等建筑构件和道路、石墙等遗迹,反映出当时壮丽的城市规模。

专题四：云南自然人文之最

云南物华天宝，万物生灵尽显奇葩，创造出许多的自然人文之最。

地理风貌之最：

云南海拔最高的地方——梅里雪山卡瓦格博峰，海拔6 740米

云南海拔最低的地方——河口县南溪河与红河交汇处，海拔76.4米

云南最热的地方——元江县河谷，年平均气温达23.8℃

云南最冷的地方——迪庆州东部，年平均气温为零下1.1℃

云南气候最好的地方——大理州的大理市

云南日照最多的地方——楚雄州的永仁县，年平均日照为2 836.4小时，全年太阳总辐射量158.3千卡/平方千米

云南最潮湿的地方——保山市的龙陵县，年平均降水量2 102.8毫米，年日照2 071小时

云南最干燥的季节——冬春

云南森林覆盖率最高的县——普洱市的景东县

云南木材蓄积量最高的县——迪庆州的香格里拉县

云南火山最多的地方——保山市腾冲县的火山群

自然景观之最：

世界最著名的喀斯特景观之一——昆明市石林县的石林风景区

中国最大的瀑布群——曲靖市罗平县的九龙河瀑布群

中国最惊险最深的峡谷景观——丽江市玉龙县的虎跳峡

中国最有特色的溶洞——红河州建水县的燕子洞

中国最壮丽的地质奇观——三江并流风景区

云南最有名的土林——楚雄州元谋县的土林

云南最奇特的沙林——曲靖市陆良县的彩色沙林

云南最秀丽的山水景观——曲靖市罗平县的小三峡

云南最神奇的华泉景观——迪庆州香格里拉县的白水台

云南最美丽的雪山——丽江市的玉龙雪山

云南最壮丽的长江景观——丽江市石鼓镇长江第一湾

云南规模最大的溶洞——昆明市宜良县的九乡溶洞

云南最有名的醉鱼景观——香格里拉县的属都湖杜鹃醉鱼

丽江市玉龙县的虎跳峡

云南最有亚热带特色的旅游点——德宏州的瑞丽江—大盈江景区

云南最为少见的城中森林公园——保山市隆阳区的太保山公园

江湖泉谷之最：

中国最长的峡谷——怒江大峡谷。在云南省境内全长547千米，是世界上较长的峡谷之一

中国热泉最集中的地方——保山市腾冲县的热海。境内有沸泉、气泉、喷泉、温泉群88处

云南最长的河流——金沙江。在云南省境全长1 560千米，流域面积109026平方千米

云南最大的高原湖泊——昆明市的滇池。面积318平方千米，最深为8米，蓄水量约15.7亿立方米。在全国内陆湖泊中，占第六位

云南最深的湖泊——玉溪市澄江县的抚仙湖。最深处为155米，是我国第二深水湖泊

云南最秀丽的湖泊——丽江市宁蒗县的泸沽湖

云南最有名的温泉——昆明市的安宁温泉

云南最可怕的泉水——昭通、保山和临沧的哑泉。《三国演义》中描述的西蜀军士误饮而致哑的泉水就在该地区

云南毒气最大的气泉——保山市腾冲县的扯雀塘。因毒气大，鸟从

泉上飞过,往往被"扯"下跌死,成为天然"禁区"

云南温度最高的泉水——保山市腾冲县的热泉(103℃)

云南最怪的泉——红河岸边一清泉。用这泉水煮饭,不论什么品种的大米,煮出的米饭都粉红松软,其化学成分至今未弄清楚

动植物游趣之最:

世界上茶花开得最多的地方——丽江市玉峰寺"万朵茶花"树

世界最轻的树——轻木

世界最毒的树——见血封喉树

世界上最长寿的植物——龙血树

世界最大的杜鹃花树——杜鹃花树王

世界最绝妙的"会听音乐"的植物——跳舞草

世界最晚发现的鹤类——黑颈鹤

中国价格最昂贵的医用树种——红豆杉

云南蝴蝶最多最奇的地方——大理蝴蝶泉

云南最奇怪的"飞行"动物——飞蜥

云南最"钟情"的鸟——犀鸟

云南最漂亮的鸟——孔雀

云南候鸟过路最多的山——大理州洱源县鸟吊山

云南最长寿最大的茶树——西双版纳州勐海茶树王

云南最大的森林公园——楚雄市紫溪山风景区

丽江市石鼓镇长江第一湾

云南色彩最多的花——变色兰(嘉兰)

云南最高的树——望天树(树高可达80多米)

云南木质最坚硬的树——铁力木

云南最大的浮莲——勐仑王莲

云南生长最快的树——奇迹树

云南最大树冠的树——榕树王(树冠面积达5.5亩)

民族概况之最：

云南人口最少的少数民族——独龙族

云南人口最多的少数民族——彝族

云南最大的侨乡——保山地区

云南少数民族民情风俗最集中的景点——云南民族村

云南最早的民族自治州——西双版纳傣族自治州

云南最早的民族自治县——峨山彝族自治县

民族节日之最：

云南影响面最大的节日——傣族泼水节

云南最大的物资交流盛会——大理三月街民族节

云南最惊险的少数民族节日——傈僳族刀杆节(上刀山、下火海)

云南最隆重的少数民族舞会——景颇族的目脑纵歌

云南最有名的斗牛节——苗族斗牛会

云南最有名的火把节——彝族火把节

云南最有民族特色的礼节——基诺族的成人礼

民族习俗之最：

世界上最古老的婚姻习俗之一——摩梭人的阿注

云南最奇特的恋爱场所——姑娘房

云南最有趣的情书——鲜花

云南最古老的情书——来苏

云南最委婉的说亲方式——讨谷种

云南最优雅的恋爱方式——以琵琶、口弦传情

云南最奇特的婚俗——抢亲

云南最俭朴的婚礼——劳动

云南最独特的离婚仪式——设宴请客

云南最奇特的书信——以物代言

云南最崇敬火塘的民族——哈尼族

云南最讲礼貌的民族——怒族

云南最喜欢拔眉毛的民族——瑶族

云南最喜欢戴耳环的民族——基诺族

云南最有情趣的习俗——半夜搬家

云南最奇特喝酒方式的人——克木人

云南最奇特的捕鱼工具——景颇族长刀

云南最高强的狩猎方式——空手捕猎

民族文化之最：

中国最有影响的古老象形文字之一——东巴文

中国最古老的音乐之一——纳西古乐

中国创建最早的青铜器博物馆——江川青铜器博物馆

中国最著名的少数民族博物馆——云南民族博物馆

中国最大的乡级图书馆——保山市腾冲县的和顺图书馆

中国最怪的村之一——文山州广南县的蜂岩洞村

中国最大的玉佛——保山市的玉卧佛

云南最独特的宗教——南传上座部佛教

云南最具木雕艺术的珍品——玉溪市通海县小新村的隔子门

人文景观之最：

中国布局最科学的古城建筑群——丽江古城

中国最大的铜铸古殿——昆明市的金殿

中国最高的偶数古塔——大理市的千寻塔

中国对联最多的公园——玉溪市通海县的秀山公园

云南最大的道教圣地——大理州巍山县的巍宝山

云南最有名的佛教名山——大理州宾川县的鸡足山

云南最有名的长联——昆明市的大观楼长联

云南罗汉最多的寺——昆明市的筇竹寺

云南最具宫殿建筑特色的公园——楚雄州武定县的狮山公园

云南最早的石窟——大理州剑川县的石钟山石窟

云南最有名的南传佛教建筑塔——西双版纳州景洪市曼飞龙白塔

云南最奇特的塔——德宏州芒市的树包塔

云南最有名的楼——丽江古城区的五凤楼

云南最有名的亭——西双版纳州勐海县的景真八角亭

云南最大的藏传佛教寺——迪庆州的噶丹松赞林寺

云南最古老的崖画——临沧市沧源县的沧源崖画

地质考古之最：

世界上最早的动物化石——澄江软体动物化石群

世界最古老的铜鼓——楚雄万家坝铜鼓

世界最大最重的古币——会泽嘉靖通宝

中国最早的人类牙齿化石——元谋人之齿

中国最古老的猿化石——禄丰腊玛古猿化石

中国最早发现的脊椎动物化石——曲靖头甲鱼化石

中国最大的铁柱——大理州弥渡县南诏铁柱

中国最早的铜棺——祥云县石头山铜棺

云南恐龙化石最多的地方——楚雄州禄丰县

云南隶属中央最早的物证——滇王之印

云南最大的孔子铜像——楚雄州大姚县石羊文庙孔子铜像

云南最大的铜像——国寺铜佛像

云南最古老的锡器——楚雄万家坝镂孔锡饰

云南最大的铜钟——昆明市金殿铜钟

云南最早的碑刻——曲靖市爨龙颜碑

云南最著名的碑碣——大理古城南诏德化碑

云南最古老的石碑——昭通市孟孝琚碑

云南最大的浮雕——曲靖市陆良县《爨史》浮雕

非物质文化遗产

云南省民族文化历史悠久,创造的非物质文化遗产众多。截至2010年,已有各级政府公布的非物质文化遗产保护名录8 590项,其中国家级非物质文化遗产保护项目90项,省级保护项目197项。已命名的非物质文化遗产传承人3 542人,居全国前列。其中,"傣族剪纸"和"藏族史诗《格萨尔》"两个项目入选联合国教科文组织"人类非物质文化遗产代表作名录"。在云南的国家级非物质文化遗产保护项目中,除了傣族剪纸、格萨(斯)尔、滇剧、花灯戏、洞经音乐、哈尼族多声部民歌、彝族海菜腔、佤族木鼓舞、贝叶经制作技艺等较有影响力外,还有以下"十大名目"普受人们喜爱。

《阿诗玛》

《阿诗玛》是一首民间叙事长诗,也是一支美丽的歌,世世代代流传在彝族撒尼人中。它充分体现了撒尼人的生活习惯和风俗人情,享誉海内外。

弥渡民歌

弥渡民歌是云南省弥渡县境内各民族民歌的总称。明万历年间的"歌仙李三姐"就是弥渡的著名民歌手。清嘉庆初年云南志书《滇系》中的"山歌九章"对弥渡民歌的悠久历史也有生动记载。

傣族孔雀舞

傣族孔雀舞是傣族民间舞中最负盛名的传统舞蹈。相传1 000多年前,傣族领袖召麻栗杰数模仿孔雀的优美姿态而起舞,后经历代民间艺人加工,最终形成孔雀舞。

东巴画

傣族孔雀舞 　　　白剧

彝族打歌

　　打歌是彝族男女在节庆时跳的一种自娱性舞蹈，跳法多种，各自有固定的伴奏舞曲。美国国际民间艺术组织曾把这种民间自娱性的歌舞列为最受欢迎的"全球十大民间舞蹈"之一。

白　剧

　　白族戏曲剧种，原名"吹吹腔"。在明代由江西传入的弋阳腔基础上，融合白族语音、曲调而逐渐形成。清朝开始演出和盛行，后来又吸收白族"大本曲"的曲调，得到丰富和提高。后改称"白剧"。

东巴画

　　东巴画以东巴教中的诸鬼神为绘画对象，常见的有经书的封面和题图，做佛事时用的布帛（卷）画、木牌等。是东巴文化的重要内容之一。

剑川木雕

产于大理州剑川县,始于公元十世纪。木雕技艺独特精湛,艺术和使用价值极高。尤其是云木雕花镶嵌大理石家具,显得古朴大方、新颖高雅,远销欧、美等国家和地区。

紫陶烧制技艺

建水的紫陶烧制技艺已有900多年的历史。其陶器有着五彩斑斓的色彩、琉璃般的质地、瓷器般的声音,又有泥土的沉静和古朴斑驳的陶变机理,技艺极具神秘。

腾冲皮影戏

明洪武年间从内地传入云南。其唱腔激越高昂,又委婉细腻。剧目题材丰富多彩,故事情节曲折动人,人物形象个性鲜明,表演操作灵活自如,唱腔圆润优美,对白生动风趣。

彝族(撒尼)刺绣

明清时期就在撒尼妇女中盛行。针法技巧罕见,有挑花、贴花、锁花、穿花、盘花、滚花、补花、刺花、纳花、纤花、平绣、链子扣、镂空等。刺绣的图案富于变化,色彩鲜艳。

非物质文化遗产

腾冲皮影戏

剑川木雕

彝族（撒尼）刺绣

85

云南味道

得天独厚的物种资源、灿烂多样的民族文化,造就了云南千百年来兼容并蓄、独树一帜的"山珍原味,养生之道"菜系——滇菜。滇菜选料广、风味多,以擅长烹制山珍、淡水鱼鲜和蔬菜见长,口味鲜嫩、酸辣适中,力求原汁原味与健康养生,是中国有名的菜系之一。当代,中国饮食文化研究会副会长赵荣光的四句诗"元谋一把火,华夏调鼎闲。汉武封味县,滇人早知矍",写尽了云南美食的千古渊源。

三个地区

滇菜由三个地区的菜点构成。滇东北地区,因接近内地,交通较为便利,与中原交往较多,与四川毗邻,其烹调、口味与川菜相似,以沾益辣子鸡、辣炒野生菌为代表。滇西地区,与西藏毗邻,与缅甸接壤,少数民族较多,其烹调特色受藏族、回族、寺院菜影响,以大理乳扇、乳块为代表。滇南地区,气候温和,雨量充沛,资源丰富,主体是各少数民族菜点,以菠萝饭、香茅草烤鱼为代表。

四大特色

滇菜的四大特色是指:绿、鲜、淡、香。所谓绿,指取材于自然界,如蔬菜、水果、竹类、花卉等;鲜,讲究鲜嫩,很多蔬菜,甚至肉类经过一定的加工后都是生吃;淡,是指整体口味温和,不太辣,不太酸,也不太麻;香,是烧、烤、煎、炸的比较多,云南特有的香茅草、香蓼草、草果、香菇、辣椒、柠檬等香料足,引入菜式香味十足。

在做法上,无论是汉族的蒸、炸、熘、卤、汆、炖,还是少数民族的烤、舂、焐、腌;无论是做山珍、河鲜,还是做家禽类,都具有浓郁的地方风味,还特别讲究原汁原味,鲜嫩可口,健身养体。较有特色的菜肴是:

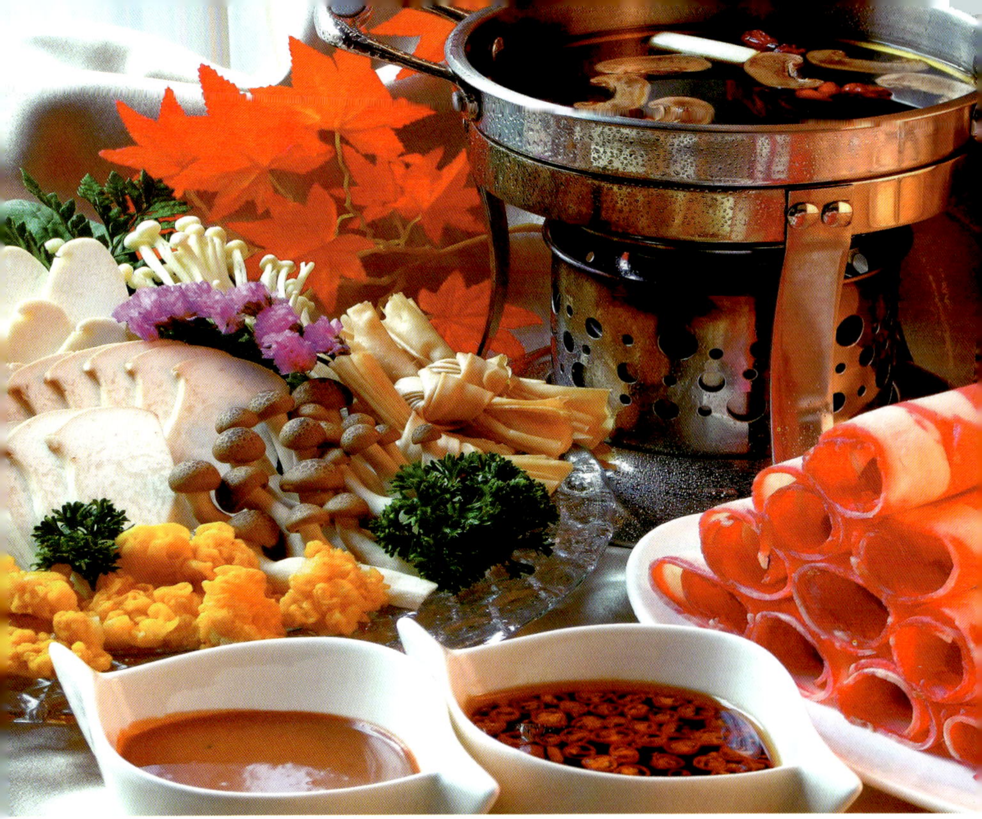

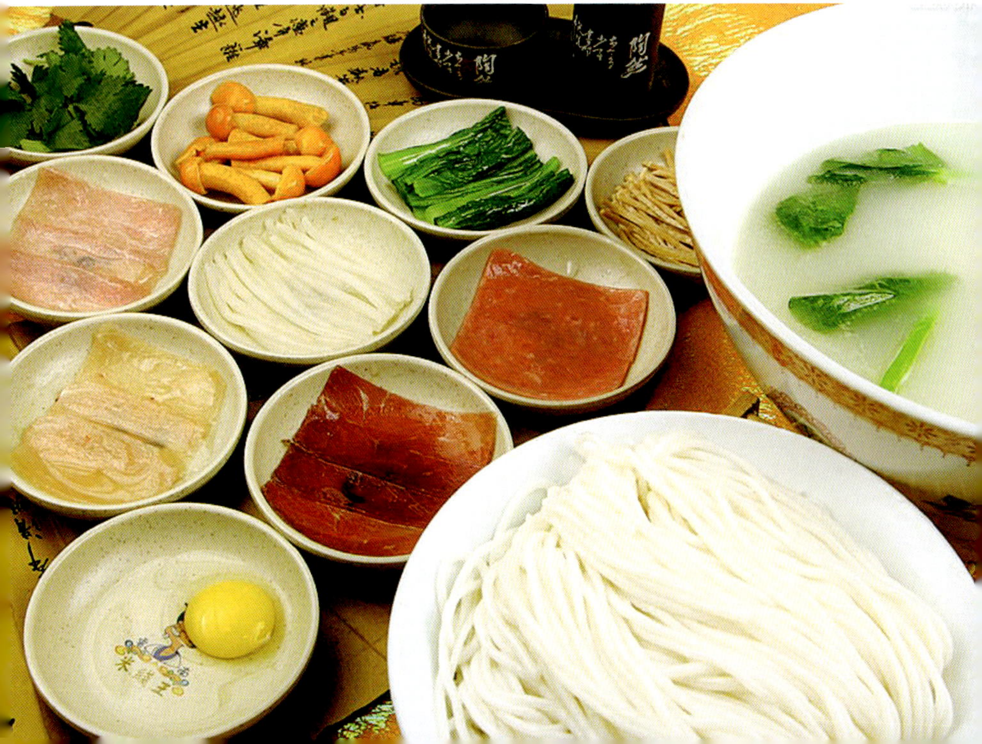

汽锅鸡

早在清代乾隆年间,汽锅鸡就在滇南地区民间流传,至今已有200来年。烹饪时在汽锅下放一盛满水的汤锅,然后把鸡块放入汽锅内,纯由蒸汽将鸡蒸熟,保持了鸡的原汁原味,其肉嫩香,汤清鲜,名传中外。后来人们又在汽锅鸡中配加名贵药材三七、虫草、天麻等,使鸡汤更加味美鲜甜,又增加了营养和保健作用,使其成为云南独特的风味滋补名菜。

过桥米线

过桥米线,主要以汤、肉片、米线、蔬菜和佐料做成。汤用肥鸡、猪筒子骨等熬制,肉片用鸡脯、猪里脊、肝、腰花、鲜鱼、火腿、鱿鱼等切成薄片,米线则以细白、有韧性者为好,蔬菜用豌豆尖、黄芽韭菜、嫩菠菜、白菜心等切为小长段,用沸水略烫,再加上葱花、豆芽、豆腐皮、玉兰片等佐料。吃时先将各种肉片氽入汤中轻轻搅动烫熟,再加入米线、蔬菜和佐料便可食用。味道鲜美,营养滋补。

野生菌火锅

云南野生菌类上百种,野生菌火锅是最能体现野生菌香味和鲜味的吃法,颇受食客青睐。野生菌火锅采用老菌汤、高汤作为汤底,将多种野生菌片配以家畜肉片,由素到荤渐进。既可品尝到野生菌的鲜美,又可品味火锅的涮肉香,还具有补钙、抗癌等保健作用。

香草烤鱼

砂锅鱼

砂锅鱼是大理宴席上的主菜,它以独特的炊具和丰富的配料制作而成。砂锅鱼烹调时讲究配料比例、刀工,并十分注意工序、配料及火候。趁砂锅汤沸腾时端上,香味扑鼻,色彩美观,鲜美可口,营养丰富。大理砂锅鱼与豆腐煮鱼、冻鱼,称为大理的"一鱼三吃",盛名远扬。

大理乳扇

早在清代初期,白族人就掌握了用鲜牛奶制作乳扇的技艺。

乳扇是大理名菜,其烹调方法多种多样,除生食外,煎、蒸、烤、烫、烩、炸、煮、炒均可。颜色鲜黄带红,奶香四溢,独具风味,而且营养丰富,还有调和气血、安神养心、健胃补虚等功用。

香茅草烤鱼

这是傣族的特色菜,它有两个特点:一是用青竹片夹住鱼,用明火烤,既有烤肉的香,又有竹的清香;二是该菜用的是热带雨林盛产的香茅草和香菜,带着一股香茅奇特的香味。鱼肚之内还有傣家的酱料"番茄喃咪",使整个烤鱼吃起来香而酥脆,微辣回甜。

香竹饭

傣语称"考澜"。选用当年长成的嫩竹,依节砍下,每段留一竹节。把糯米放在香竹筒里,用水浸泡后,放在炭火或烤炉内用微火烘烤。食用时,敲打竹筒使之变软,竹筒内壁的竹膜便粘在饭上,用刀一剖两半,香竹饭便脱竹而出。其香气浓郁,饭软而细腻,是傣家人用以待客的主食。

鸡肉烂饭

佤族待客的上等佳肴。因其比稀粥要稠一些,混合有经过加工的鸡肉,故俗称鸡肉烂饭。佤族鸡肉烂饭使用普通土鸡,但忌用白羽毛鸡,因其风俗认为用白羽毛鸡是对客人的不礼貌。拉祜族也视鸡肉烂饭为上等佳肴,在祭祀活动或招待贵客时食用。

云南的特色名菜还有三丝干巴菌、宝珠梨炒鸡丁、竹筒鸡、烧云腿、香油龙凤腿、煎紫米藕夹、鸡汁茄子、木瓜鸡、卷蹄、猪肝炸、粑粑、八大碗、米灌肠、琵琶肉、腌牛筋、香茅草烧鸡、蕈芽、香竹饭、酸笋鸡、暴腌芭蕉心、蜂蛹酱、蜿肉圆子、火烧飞蚂蚁、烤蜘蛛、竹鼠稀饭、芭蕉叶烧肉等。老少宜爱的滇味小吃还有大救驾、苦荞粑粑、玫瑰米凉虾、蒸饵丝、牛肉汤泡饵块、油炸豌豆粉、马打滚、土豆粑粑、滇八件糕点、抓抓粉、烧烤饵块、鲜花饼等,举不胜举。

云南特产

云南物产丰富，无论是地道的高原山珍、土特产品，还是具有民族风韵的特色的少数民族手工艺品，均享誉海内外。

白药

云南白药由云南民间医生曲焕章于1902年研制成功。该药对于止血愈伤、活血散瘀、消炎去肿、排脓驱毒等具有显著疗效，特别对内脏出血更有其神奇功效，成为主治各种跌打损伤、红肿疮毒、妇科血症、咽喉肿痛和慢性胃病的特效药品，被誉为"伤科圣药"，誉满中外，历久不衰。

三七

三七生用有止血强心、散瘀生新、消肿定痛等显著功能，熟用有活血、补血、强壮补虚的效益。明代李时珍在《本草纲目》中誉之为"金不换"。清朝《本草纲目拾遗》中说，人参补气第一，三七补血第一，故有"北参南七"之称。云南三七及其制品，不仅畅销东南亚，还远销日本、英国、加拿大等国。

天麻

据《神农本草经》记载，天麻有医治惊风、神志昏迷、提气益神的作用。用于治疗头昏、头痛、眩晕、偏头疼、语言謇涩、小儿惊风、四肢痉挛、风寒湿痹、神经衰弱和脑震荡后遗症等有显著疗效。云南所产天麻肥厚、个大、色黄白、呈半透明状，质坚实，品质优良。以天麻原料制成的产品也畅销中外。

虫草

虫草味甘性温，有秘精益气、保肺补肾、止血化痰的功效。临床研究表明，它能治疗劳咳痰血、盗汗、阳痿、遗

云南白药

精、黄疸病、肺结核及老年衰弱、慢性咳喘等症,有强壮兼收敛、镇静的效果。

普洱茶

普洱茶是采用绿茶或黑茶经蒸压而成的各种紧压茶的总称。南宋李石《续博物志》记载,"西藩之用普茶,已自唐朝"。普洱茶色泽润、香气馥郁、醇厚回甜,饮后回味无穷,且茶性温和,具有降血脂、减肥、抑菌、暖胃、生津、解毒等多种功效,海外侨胞和港澳同胞常将普洱茶当作养生妙品。除普洱茶外,云南的沱茶、滇红茶、雪茶等名茶,均畅销国内外。

咖啡

由于得天独厚的地理环境和气候条件,云南小粒咖啡形成了浓而不苦、香而不烈,带一点果味的独特风味,是全世界最好的咖啡之一。近几年,世界著名的雀巢、麦氏等咖啡公司都纷纷到云南开辟原料基地,云南小粒咖啡也逐渐享誉海内外。

野生菌

云南盛产松茸、竹荪、鸡枞、干巴等野生菌上百种。它们既是著名的珍贵食用菌,也是营养、药用价值极高的保健品。例如,松茸不仅味道鲜美可口,还有强身、益肠胃、止痛、理气化痰、驱虫等独特功效,是老年人理想的保健食品。云南现已开发出各类野生菌的干菌和精制品等产品,远销海内外。

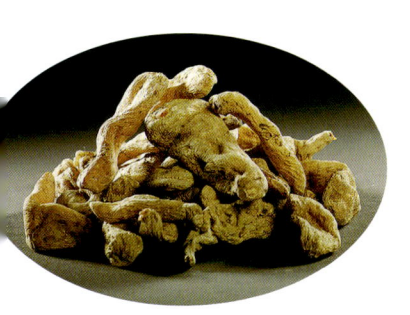

天麻

珠宝玉石

云南形成了以昆明为中心,以腾冲、瑞丽、芒市等地为依托的珠宝玉石集散地,驰名中外。产品有:红宝石、蓝宝石;柑母绿、海蓝宝石、金刚石、石榴石、紫水晶、黄玉、蛋白石、橄榄石、绿松石、孔雀石、独山玉、岫玉、玛瑙、珍珠等，尤以翡翠最有名气。

户撒刀

户撒刀，至今已有600多年的历史。其工艺独特，质地精良，锋利耐用，有"软可绕指，削铁如泥"之誉，久享盛名。工匠们还在刀鞘上镌刻"龙飞凤舞"、"猛虎长啸"等风格多样的图案，并对刀柄精心镶嵌装饰，使之成为精美的艺术品，让人爱不释手。其品种有生产生活用刀、长刀、景颇刀、藏刀等120多个品种，远销西藏、甘肃、内蒙等省区及缅甸、泰国、印度等国。

斑铜工艺

斑铜工艺品是云南独有的民间传统产品，至今已有300多年的历史。斑铜工艺采用高品位的铜基合金原料，经过铸造成型，精工打磨，以及复杂的后工艺处理制作而成。它"妙在有斑，贵在浑厚"，因褐红色的表面呈现出离奇闪烁、瑰丽斑驳、变化微妙的斑花而独树一帜，堪称金属工艺之冠，早在明清时期，就已作为向朝廷进贡的珍品。

锡制工艺

始自明末清初，以个旧出产的高纯度精锡为主要原料，经过熔化、压片、下料造型、抛光、装接、擦亮等工序制作，再精镂细雕富有民族特色的白描山水花草、翎毛鱼虫、动物图案而成。具有"色似银、亮如镜、光彩夺目、独具风格"的外形特征和抗碱、不锈的防腐蚀性能，观赏、收藏价值极高。

东巴蜡染

丽江东巴蜡染是在贵州蜡染、大理扎染工艺基础上，以纳西族东巴书画作品为文化内涵的新的印染工艺品。它以棉布、丝绸、金丝绒等为载体，用一种特制的蜡刀蘸熔蜡绘东巴字画于布，利用植物染料浸染。品种除面料衣物外，还有旅游包、手帕、布帘、装饰画、

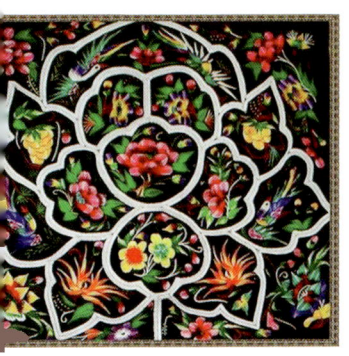

沙发巾等。其图案丰富多变,色彩典雅古朴,文化内涵深沉,产品远销日、美、法等国。

织·锦

云南傣族、景颇族、德昂族、布依族、佤族、拉祜族、壮族、苗族等民族的织·锦各具特色。傣族织锦历史较长,曾为献给朝廷的贡品;景颇锦独具一格,色彩艳丽;佤锦既美丽又自然,让人过目难忘;壮锦用棉线和五彩丝线精心织制而成,以色彩绚丽、图案别致、结实耐用而驰名中外。各民族的织锦一般用作床罩、壁挂、挂包、衣服、筒裙和头饰等,深受人们喜爱,远销海外。

现代彩画

云南现代彩画,将东西方绘画语言、古今技法融为一体,以中国画的线条造型,应用西方现代绘画中厚重醒目的斑斓色彩,具有浓郁的民族和地方特色,给人赏心悦目之感。画面丰富艳丽的色彩和夸张与写实结合的人物形体,给人一种梦幻神奇的美感,在国际画坛上引起过强烈的轰动。

昆明市

昆明市，云南省会，是云南的政治、经济、文化、交通中心。昆明气候宜人，四季如春，素有"春城"之称；是云南省唯一的特大城市、中国西部地区第四大城市，也是重要的国际旅游、休闲、商贸、物流大都市，被誉为"高原明珠"。

昆明市地处云贵高原中部滇中滇池坝子，位于东经102°10′～103°40′，北纬24°23′～26°22′之间。昆明市东西最大横距151千米，南北最大纵距218千米，总面积15 561平方千米。现辖6区（呈贡区、盘龙区、五华区、官渡区、西山区、东川区）、1市（安宁市）、7县（晋宁县、富民县、宜良县、嵩明县、石林彝族自治县、禄劝彝族苗族自治县、寻甸回族彝族自治县）。昆明是一个以汉族为主的多民族杂居的地方。2010年末，全市总人口726.31万人，其中常住人口643.22万人，流入人口约198万人，少数民族人口89万人。

早在约3万年前的旧石器时代，昆明所在的滇池流域就有人类繁衍生息。春秋时为滇部落领地。战国时，楚将庄蹻率部入滇，后变服随俗，建立了滇国。汉武帝元封二年（前109年）置益州郡，郡治滇池县（今昆明市城南），下辖谷昌等24县。蜀汉时更名为建宁郡。西晋时更名为晋宁郡。隋、唐

初为昆州。唐代南诏国于765年在滇池北岸筑拓东城(在今昆明城区东南部拓东路一带)设拓东节度。宋大理国时为鄯阐府。鄯阐城在拓东城基础上向西扩展。元代为中庆路,至元十三年(1276年)设"云南行中书省"于昆明,从此昆明成为云南政治、文化中心。明洪武十五年(1382年)改中庆路为云南府,沿至清末。1911年,农历"重九"日,蔡锷、唐继尧发动了昆明起义,组建云南军政府,推翻了清政府在云南的统治。民国时期,昆明于1928年设市;1929年,蒋介石任命龙云为云南省政府主席、国民革命军第十三路军总指挥等,以龙云为首的云南地方实力派的统治在云南得到确立和巩固。1937年,抗日战争全面爆发,昆明成为云南的抗战中心,支持远征军入缅抗战,配合远征军守住了西南门户。1950年2月24日,云南和平解放,从此翻开了崭新的历史篇章。

昆明境内地形以高原陷落盆地与陷落河谷相交错为主,中部高,四周低,山地占85%左右,高山大河与盆地共生,地面高低悬殊,水系复杂。昆明坝子为全市最大的盆地。全市海拔最高的轿子雪山马鬃岭(乌蒙山主峰)海拔高4 247米,海拔最低处在北部的金沙江边,海拔仅746米。境内河流分属金沙江、珠江、红河三大水系,著名的高原湖泊滇池面积约300平方千米,是云南最大的湖泊。

昆明市区位于滇池畔,地面平均海拔1 891米。受南部孟加拉湾海洋季风和东南部北部湾暖湿气流的影响,具有亚热带气候特征,年平均气温15℃,最热月平均气温19.8℃,最冷月平均气温7.7℃。干湿季节分明、日照充足、雨量丰沛、四季如春,被誉为"天气常如二三月,花枝不断四时春",以"春城"之称享誉中外。

昆明生物和地矿资源丰富,历史上就已发展为滇中重镇。新中国成立后,特别是改革开放以来,昆明的经济和社会始终保持着快速健康的发展态势,现已形成了卷烟、机电、生物资源、信息、商贸旅游等五大支柱产业。高原特色农业发展突出,"斗南花卉"、"呈贡蔬菜"成为国内外知名品牌。工业形成了以机械、冶金、烟草加工等为主的体系,昆明是云南省的工业基地和西南地区重要的工业城市。商贸、旅游、信息、现代服务等产业和教育、文化、科技、卫生等社会事业及社会保障居全省之首。现今,昆明的综合经济实力已进入西部地区的先进行列,成为我国重要的旅游商贸城市、西部地区重要的中心城市、中国面向西南和东盟开放的大都市。

昆明境内美丽的自然风光、灿烂的历史古迹、绚丽的民族风情,使昆明跻身为全国十大旅游热点城市、中国首批优秀旅游城市。全市有各级政府保护文物200多项,有石林(世界地质公园)、滇池、安宁温泉、九乡、阳宗海、轿子雪山等国家级和省级著名风景区;市区内还有东方雕塑艺术宝库筇竹寺,"天下第一长联"大观楼、明清两代贡院至公堂、世界园艺博览园、云南民族文化的缩影民族村、陆军讲武堂、翠湖公园等100多处重点风景名胜;有10多条国家级旅游线路,形成了以昆明为中心,以石林、滇池风景区为重点,辐射全省,连接东南亚,集旅游、观光、度假、娱乐为一体的旅游体系。

翠湖公园　　　　昆明森林温泉景区

民族村

专题五:走近撒尼人——感受彝族支系风情

在昆明市石林县的石林风景区内,生活着少数民族彝族的一个支系——撒尼人,是他们创造了石林的"阿诗玛"文化和丰富多彩的民族歌舞。到石林风景区旅游,就可以感受到他们赋予石林的民族风情。

这边的女孩子都称为"阿诗玛",这是彝语的汉译,意思是"美丽的姑娘"。阿诗玛头上戴的五彩花帽,由各种颜色的条带拼镶而成,顶端双耳部位有一对三角形绣花的角;如果有心爱的人,就可以将其取下作为信物送给他。上身衣服的领口和袖口都用彩色的刺绣镶边,背部还披着一块小羊皮,系一块红色或黑色的围腰。下身穿着彩带镶边的蓝色或白色或黑色的长裤,脚穿绣花布鞋。这里的男士被称为"阿黑哥",在彝语中是勤劳勇敢的意思。阿黑哥的衣服则是用麻布制的短褂,大方、朴素、健美。

撒尼人能歌善舞,让人印象最深刻的是跳大三弦舞,也称"阿细跳月"。该舞节奏明快,热情奔放。撒尼人待人真诚,有火一般的热情,就如他们的火把节一样,吸引着人们。每年的农历六月二十三日至二十五日,头天以村为单位,宰杀一头黄牛,把肉分给各家,传说在火把节吃黄牛肉可以祛病强身。第二天正式过节,白天举行摔跤、斗牛比赛,晚上耍火把。各家在自家火塘边举行点火把仪式,点燃火把时要叫魂,再把端午节时系在手腕、脚腕和脖子上的"百索子"(由五彩线做成,可以防止灵魂走失)剪下来烧了。然后开始耍火把、弹三弦、唱歌跳舞,通宵达旦。节日的最后一天,白天要煮鸡蛋吃,尤其要给孩子吃;晚上,人们举着火把在田间穿行游走,驱虫除恶,以求风调雨顺,五谷丰登。

撒尼人的老祖宗因为长期在喀斯特地貌地区生产生活,所以早在若干万年前就知道利用石头跟大自然搏斗,创造了与石头有关的文化,并体现在旧石器时代最早的一些石器,及现在的一些石质生产生活用具上。世代居住在石林地区的撒尼人也就地取材,用石板建房、修路,其民居基本上都是传统的石板房。

在石林地区,撒尼人居住的每一个村落,旁边都会有一片茂密的树林,当地人叫"密枝林"。传说林中住着密枝神,它保佑着撒尼人的村子。如果人们不小心走进林中,会使密枝神生气,轻则让人生病,重则死人死畜。每年农历十一月,居住在石林地区的撒尼人就在密枝林里祭祀密枝神，祈求密枝神保佑全村来年人畜兴旺、五谷丰登。这就是撒尼人的一个重要节日——密枝节。也正是由于这些树林对于撒尼人有着特殊意义，当地人千百年来一直遵守着崇拜神林、爱护神林的传统。

在长期的历史演化中，撒尼人与石林地貌和构成这种地貌的岩石结下了不解之缘。石林的石柱上留有早期撒尼人的岩画和石刻，反映着撒尼人古老的祭祀活动及舞蹈、狩猎、战斗的场面，可以说石林文化融入了当地撒尼人生活的各个方面，如宗教、传说、诗歌、舞蹈、刺绣、服饰、建筑、节庆等。

与石林相伴的撒尼人不仅创造了丰富的历史文化，还创造了多姿多彩的民间文化艺术。撒尼人独特的语言文字、内涵丰富的诗文传说、斑斓绚丽的民族服饰、火热豪放的民族歌舞、古朴粗犷的摔跤竞技、风格奇特的婚丧嫁娶，无不体现出古老民族的文化韵味和地域特征。

撒尼人

昭通市

昭通市，古称"朱提"、"乌蒙"，自古就是云南与川、黔两省之间的北大门，是西南丝绸之路和"五尺道"的要冲，是中原文化和商贸进入云南的重要通道，素有"锁钥南滇，咽喉西蜀"之称。

昭通市地处滇东北云岭高原与四川盆地结合部的乌蒙山，位于东经102°52′～105°19′，北纬26°55′～28°36′之间。昭通东西宽241千米，南北长234千米，面积2 3021平方千米。东南与贵州省相连，西北至东北与四川省为邻，南面与云南省曲靖市接界。现市辖1区（昭阳区）10县（鲁甸县、巧家县、盐津县、大关县、永善县、绥江县、镇雄县、彝良县、威信县、水富县）。2010年末全市人口521万人，其中有23个少数民族，人口53万人，昭通是一个多民族杂居市。

昭通历史悠久，早在距今10万年前就有人类留下的足迹。传说属九州中的梁州；西周时期为窦di甸、大雄甸；春秋时为蜀国靡莫部；秦为蜀郡辖地；西汉置犍为郡，辖朱提、南广、堂琅；东汉置朱提郡；三国时为蜀地；两晋、南北朝仍置朱提郡；曾一度设置南广郡；隋置恭州；唐沿恭州后分置恭州、协州、曲州；南诏国时属拓东节度使，部落首领各据一方，兼并后存乌蒙、乌撒、芒部、东

川4部，其中乌蒙最强；宋大理国时设乌蒙、闷畔、芒部、易娘、易溪等部；元时，设乌蒙、芒部、东川三路；明洪武年间，由四川布政司管辖，称乌蒙、芒部、东川三军民府；清雍正五年（1727年），从四川划归云南省管辖，设乌蒙、镇雄、东川府，实行"改土归流"；清雍正九年（1731年），云南、贵州、广西总督鄂尔泰认为"乌蒙者不昭不通之甚也"、"举前之乌暗者易而昭明"、"后之蒙蔽者易而宣通"，奏雍正皇帝准改乌蒙为昭通府；民国二年（1913年），云南都督府裁府设道，裁厅置县。1943年，设立云南省第一区（昭通）行政督察专员公署。1950年，昭通解放。2001年8月，昭通设市。

昭通地处滇东北云岭高原乌蒙山，属典型的山地构造地形。地势南高北低，最低海拔267米，最高海拔4 040米。由于受金沙江、牛栏江等江河的纵横切割，境内山高谷深，悬崖峭壁耸立，地形复杂，气候多样。江边河谷属热带、亚热带，高山属冷凉高寒带，俗有"一山分四季，十里不同天"之称。

昭通又是钟灵毓秀、物产丰饶的宝地。这里青山育翠，生物资源种类繁多，是中国南方最大的优质苹果基地，昭通苹果、天麻、杜仲、魔芋、花椒、苦丁茶等特色产品驰名省内外。矿产资源种类多、品位高，煤、硫储量居全省首位。昭通有我国南方第二大的褐煤田，为全国五大硫铁矿矿区之一、云南三大有色金属基地之一。这里的水能资源富，水能蕴藏量大。国家在金沙江下游昭通境内规划有溪洛渡、向家坝、白鹤滩三座巨型电站，

使昭通成为云南省和国家的能源开发基地。随着改革开放的深入，昭通的经济和社会得到快速发展，成为云南重要的能源、重化工、农特产品加工基地和长江上游的生态屏障。

昭通的文化遗存十分丰富。国家级重点文物保护单位有袁滋题记摩崖石刻；省级重点文物保护单位有野石山遗址、孟孝琚碑、罗炳辉故居、扎西会议旧址、水田寨中央红军总部驻地旧址、铁炉红军标语、鲁甸拖姑清真寺、观斗山石雕群、霍承嗣壁画墓等。昭通也是云南省文物藏品富集的地区，有馆藏文物17 497件，其中，国家一级文物6件，国家二级文物10件，国家三级文物278件。

昭通的自然地理条件、特殊的地形地貌环境和历史文化，形成了探古、寻幽、观光等鲜明的旅游特色。探古系列景点有豆沙关、僰人悬棺、扎西会议旧址、葡萄井；寻幽系列景点有水富西部大峡谷温泉、威信观斗山石雕、昭通大龙洞、凤凰山、龙氏家祠等；观光系列景点有大关黄连河、巧家药山、大山包黑颈鹤等。

大山包黑颈鹤

五尺道

专题六：彝族"六祖分支"之地 —— 昭通

昭通是彝族的发祥之地。经考古发现，在昭通找到了彝族历史上记载的"六祖分支"的发源之地——"老鸹岩"和"葡萄井"。

据彝文考古文献记载，彝族在历史上曾经历过洪水泛滥的时期。战胜洪水之后，彝族人文祖先阿普笃慕在今昭通召集了一次大会，将其子民分为武、乍、糯、恒、布、默六支，由他的六个儿子慕雅切、慕雅考、慕雅热、慕雅卧、慕克克、慕齐齐带领，以每两支人为一联盟的形式，向不同方向迁徙、拓疆。彝族先民分向各地后，逐渐成为西南地区具有一定影响力的民族。后人把这一重大的历史活动称为"六祖分支"。当年，彝族六位祖先正是在"老鸹岩"这个地方喝了"葡萄井"的水之后挥手告别，走向天南地北，繁衍各路子孙，开拓彝族祖业。这一去，岁月如风，前路迢迢，如风播草籽，把彝族人的血脉传播到彩云之南的广袤大地之中繁衍生息。彝族远祖阿普笃慕和"六祖分支"也在历史的风尘中凝固成一组伟大的符号，成为彝族人的精神归宿与骄傲。

彝族人认为人去世后，灵魂必须回到祖先的发祥地，也就是"六祖分支"地——昭通。据凉山地区民间流行的不同版本的《指路经》记载，远古送灵路线分别经由凉山不同地点最后跨过金沙江进入云南的"支支坡"，它指的就是古代彝族人眼中的昭通。昭通见证过彝族的一段光辉历史，是彝民族传承的一个圣地。这片曾被岁月尘埃深掩的土地，在岁月吹拂中长久地沉寂，在寂寞中等待，等待那些从这里走出去的彝人后裔的脚步再次走近。

2009年9月14日彝族火把节这天，昭通彝族六祖分支祭祖圣地文化旅游景区建设开工仪式在葡萄井畔隆重举行（现已建成并开放）。来自四川、贵州、云南各地的彝族代表相聚一堂，阿普笃慕的子孙们分享着同庆的快乐。这一刻，沉寂已久的祭祖圣地天空湛蓝明丽，无论身穿鲜艳彝族服装能说彝话的彝人，还是身着汉装的彝人，均尽情欢乐，共祝阿普笃慕的子孙们再次相聚。仿佛让人看到了当年手执长戟的阿普笃慕端坐于大山之怀，与子孙们共同庆贺山下他的六个儿子英姿飒爽地拓展疆域，子孙兴旺、事业辉煌的场景。

彝族"六祖分支"

曲靖市

曲靖市，位于云南省东部，是珠江源头第一市，爨文化的发祥地。自蜀汉至唐天宝年间，是南中地区的政治、经济、文化中心。其交通便利，是云南进入内地、到东南沿海的重要通道和东大门，有"云南咽喉"、"金滇钥匙"之称。

曲靖市处在滇东高原向黔西高原过渡的地带，位于东经102°42′~105°50′，北纬24°19′~27°03′之间。曲靖东与贵州省和广西壮族自治区相接，南与云南省文山州、红河州相连，西与昆明市为邻，北与昭通市及贵州省毗邻。市境南北长302千米，东西宽180千米，总面积32 565平方千米。现辖1区（麒麟区）、1市（宣威市）、7县（马龙县、沾益县、富源县、罗平县、师宗县、陆良县、会泽县）。2010年末，全市总人口586万人，有彝、回、壮、布依、苗、瑶、水族等7个世居少数民族相对聚居在全市8个民族乡，少数民族人口46万人，占总人口的7.36%，故曲靖是典型的散居民族地区。

曲靖历史悠久。早在新石器时代，就有人类在这块土地上生存繁衍。公元前279年左右，楚将庄蹻率军入滇，沟通了曲靖与中原的联系。秦开"五尺道"，曲靖即置于中央王朝的统治之下。西汉设置味县，225年设建宁郡。271年，西晋王朝将建宁郡、云南郡、永昌郡合并为全国19州之一的宁州，州治在今曲靖，为

当时云南地区的政治、经济、文化中心。隋置恭州、协州。唐置南宁州，改恭州为曲州，分协州置靖州，都属戎州都督府。元至元十三年(1276年)，设曲靖路总管府，从此这一滇东北边地得以曲靖为名。明洪武十五年(1382年)设曲靖军民府。1950年，设云南省曲靖区行政督察专员公署。1997年，经国务院批准撤地设市。

曲靖地处云贵高原中部、滇东高原向黔西高原过渡的地带，属乌蒙山南伸部分，又属金沙江、珠江两大水系分水岭地带。地势北高南低，西高东低，由西北向东南倾斜。既有缓块状的高原面，又有高耸的山脉岭脊，还有串珠状湖盆和峭峰林立的岩溶丘原景观及南北分流的水系。地貌以高原山地为主，间有高原盆地、高山、低山、中山、河槽和湖盆多种地貌并存。山地丘陵约占土地面积的90%，坝子约占10%。其中，陆良坝子面积达771.99平方千米，是全省最大的坝子。

曲靖属于亚热带高原型季风气候，由于地势高低和微地形影响，气候类型多样，生物资源丰富，不少种子植物、药用植物和珍稀动物属省级及国家保护品种。曲靖北部的会泽、宣威、富源等县为暖温带气候，其他各地属于亚热带季风气候。夏无酷热，冬少严寒，四季如春，该地区种植水稻、玉米、蚕豆、荞子、小麦、烤烟、油菜等，是云南重要的粮食、畜牧、油菜籽、蚕茧主产区和全国最大的优质烤烟生产基地。

曲靖境内水资源丰富，牛栏江、南盘江等主要河流分属长江和珠江两大水系，水资源总量、水能资源总量、可开发水能资源居全省前列；还有遍布地下的优质矿泉、温泉和热泉，开发利用极为方便。煤、铁、锰、铅、锌、锑、锗、硫、磷等矿产资源的蕴藏量丰厚。曲靖是国家、省工业布局的重点地区，是云南重要的能源、汽车、化工、矿冶基地。如今，曲靖已建成煤炭、电力、化工、钢铁、机械、建材、轻工、纺织、卷烟、医药、食品等十多个工业门类，汽车、毛织品、烟酒等十多项产品畅销全国各地，是云南"滇中城市群"的新兴综合性工业城市。

　　曲靖的民族风情各具特色，情趣无限。这里有云南省内唯曲靖独有的水族姑娘小伙的"赶表"、"走寨"节，彝族的星回节，布依族的三月三节、牛王节，苗族最盛大的花山节等。每到节日，便锣鼓齐鸣，鞭炮声、叫喊声此起彼伏，各色各样的民族节日都有多姿多彩的民族歌舞，各民族沉浸在一片热闹欢腾的喜庆气氛中，共同表达对美好生活的向往。

　　曲靖人文古迹众多，自然景观幽美，风景名胜奇特，比较有特色的是：中国第三大江河发源地"珠江源"，其植物资源丰富，风景独特；由地震冲击、地壳运动等因素逐步形成的地貌奇观"彩色沙林"，极为难得一见；滇黔桂对歌择偶热地"以堵勒瀑布景区"，在此可以欣赏罗平油菜花海、多衣河九龙瀑布等，可感受此地"集桂林之灵秀，版纳之风情，九寨沟之幽静，三峡之险峻，黄果树之雄奇"之美，可领略高原花海的万种风情；云南小桂林"海峰湿地"，则是具山、水、林、石、洞、潭及草地为一体的典型的喀斯特湿地景观。还有古今楷法第一的"爨龙颜碑"、龙马石林、会泽古镇、英武山、凤凰谷、大海草山、红土地等，都是生态旅游、科考旅游、休闲观光、游览度假的理想场所。

海峰湿地　　　　　　　　　大海草山

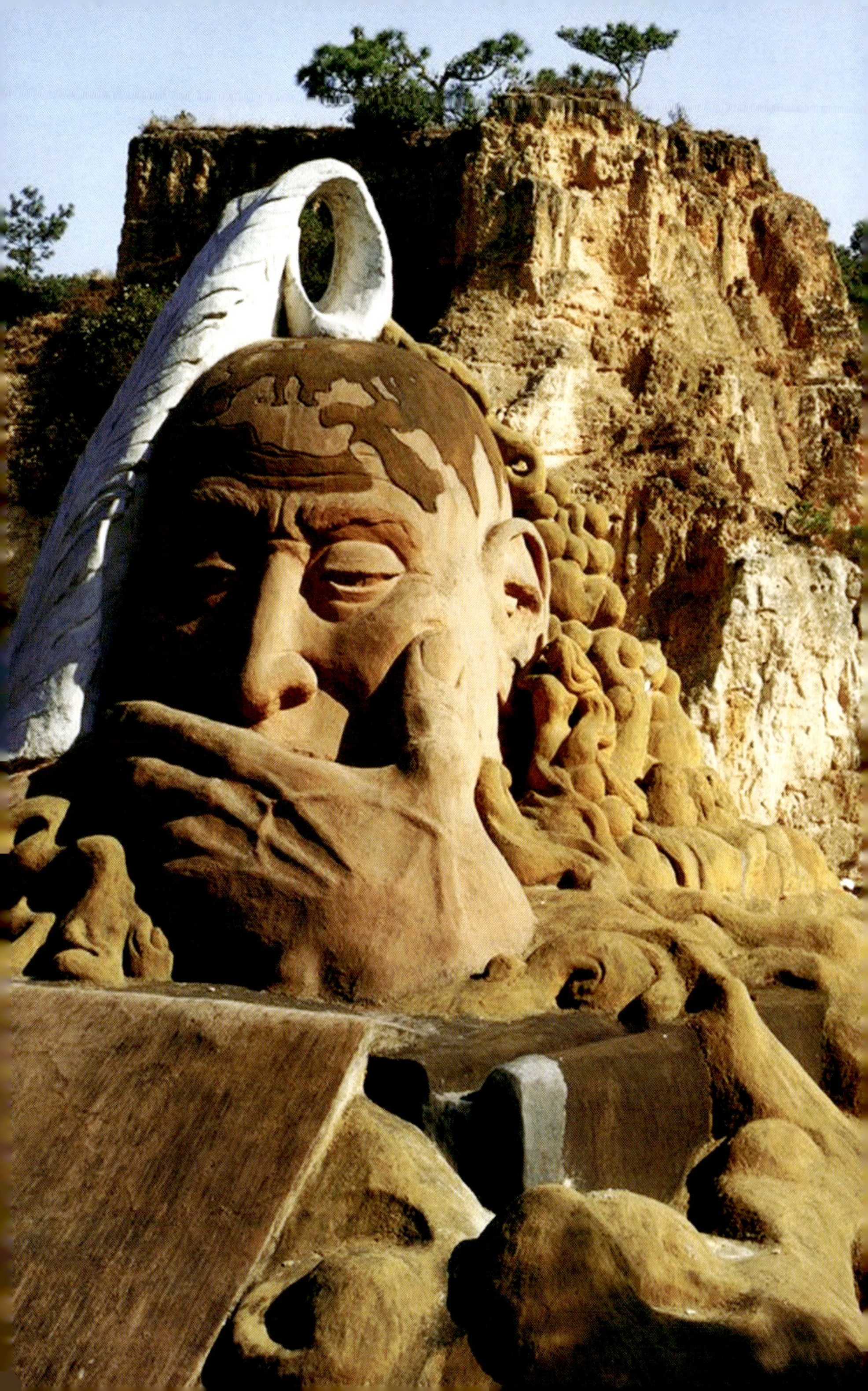

专题七：多依河畔的古老风情——布依族习俗

云南的布依族聚集于罗平县的多依河畔，这里"山水秀美、环境清幽，飘着山歌水调，歌声里住着布依人家；用花饭欢度佳节，用木叶传递情话；小竹筏划进梦境里，吊脚楼吊起风情画"，山也是家，水也是家，诗情画意、休闲舒适。这就是布依人的生活写照。

布依族有沉着厚道的大山精神、勤劳、善良；也有水的神韵。他们与水为邻，视纯洁无瑕的水为自己的命根子，神圣不可侵犯，哪怕自己生活艰苦些，也要保护好自己的生存环境。布依族用花装点生活、装点大地，把自己的生活点缀得美丽甜蜜。

布依族很早就发明了水车用于提水灌溉，至今仍使用着上千年来利用水能原理进行的提水灌溉系统。沟渠水车连成一片，成为布依村寨靓丽的风景线。布依人民会利用植物靛进行蜡染，妇女自己织布，在八大河、多依河一带每家都有织布机，每个布依妇女的婚姻礼服和节日盛装都是自己纺织缝制的蜡染服饰。布依服饰中的百褶裙、包头巾、虎头帽、狮子帽、兔头帽，形制逼真、做工精细、色彩艳丽，极有特点，现已作为工艺品走向市场，得到了游客的喜爱。

多依河风景区

布依族是个"歌舞的民族",其舞蹈很有特色。有织布舞、伴嫁舞、狮子舞、龙舞、铜鼓舞等,形式多样、个性鲜明、生活气息浓郁。布依族青年个个都是吹叶能手,在田间地角、在山路相遇、在河畔相逢,都可用木叶吹恋曲,表情达意。曲调变化多,声韵抑扬,把双方渡到爱情的彼岸,既奔放,又含蓄雅致,既浪漫而又富有诗意。布依族有着丰富的神话传说、故事诗歌、寓言童话、谚语等,民间口传文化尤为丰富,其中诗歌是布依文学中的瑰宝。

布依族的婚配中最具特色的是"对歌择偶、木叶传情"的自由恋爱,特别是节日里男女成群,对歌择偶、木叶传情,至今仍然盛行。每年农历二月二和三月三节日期间,方圆几十里的布依人和彝、苗、水、壮各族群众身着盛装聚集在九龙瀑边、多依河畔,对歌跳舞、赛竹筏,热闹非凡。好客的布依人给远方的客人泼水、送红蛋。节日期间,滇、黔、桂三省区的各族人民从家中带来花糯米饭和各种美味佳肴,汇集在三江口的大青树下,一起杀猪宰羊,祭山祭水,祭把保佑人民安康的祖灵和社神,请游客们一起喝酒打牙祭,共同分享幸福。入夜,瀑边树下、竹林深处、篝火旁边,悠悠飘来男女青年寻求爱情的对歌声:"大河涨水慢悠悠,丢棵竹子顺水流,空心竹子不落水,实心小郎妹不丢……"唱到情投意合处,则互赠信物,双双消失于密林深处。

布衣族人

玉溪市

玉溪市位于滇中地区,因横贯玉溪坝子的州大河河水澄碧透亮,如玉带潺潺流淌在万亩田地之中,故得"玉溪"之名。这里是滇中粮仓,盛产优质烟叶,还有历史悠久的民间音乐舞蹈表演艺术"玉溪花灯",又是人民音乐家聂耳的故乡,素有"云烟之乡"、"花灯之乡"、"聂耳故乡"的美誉。

抚仙湖

　　玉溪市位于北纬23°19′~24°53′,东经101°18′~103°09′之间。玉溪东北接昆明市,东南与红河州相邻,西南连普洱市,西北靠楚雄州。最大横距172千米,最大纵距163.5千米,面积15 285平方千米。全市辖1区(红塔区)和8县(江川县、澄江县、通海县、华宁县、易门县、峨山彝族自治县、新平彝族傣族自治县、元江哈尼族彝族傣族自治县)。2010年末,总人口230.4万人,有彝、哈尼、傣、回、白、蒙古、苗、拉祜等25种少数民族,少数民族人口74.3万人,占总人口的32.27%,是一个少数民族众多而相对聚居的地方。

　　玉溪在历史上的先秦时期曾为古滇国的核心地带。汉元鼎六年(公元前111年)设牂牁郡,华宁属毋单县;汉元封二年(公元前109年)滇王降,汉置益州郡,郡置设滇池县(晋宁)、双柏县(易门)、俞元县(峨山)等;蜀汉时属南中;南北朝及隋代设南宁州,实为爨氏所控制;唐设南宁都督府,后分属南诏时拓东节度、通海都督、银生节度使辖地;宋时为大理国所属,分为37部及鄯阐府、银生节度地;元设云南行省时,分属澄江路、临安路、元江路、中庆路辖地;明代时,澄江路改澄江府,通海、华宁、峨山属临安府,新设新平县隶临安府,易门属云南府,元江设元江军民府;清承明制,分属云南府、澄江府、临安州、新兴州、元江直隶州等;民国初废府、州设道,属滇中道、蒙自道、普洱道。后撤道,县直属省;随后,又在省、县之间设行政公署。新中国成立后，1950年1月成立滇中区人民行政专员公署，同年3月改称玉溪行政专员公署。1997年12月经国务院批准撤地设市。

　　玉溪境内地势西北高、东南低，山地、峡谷、高原、湖泊、盆地交错分布。主要山脉有西部边缘的哀牢山，东部的梁王山等。山间盆地（坝子）遍布全市各地，以玉溪、通海、澄江、江川坝子较大。市内河流分属珠江和红河两大水系，有抚仙湖、星云湖、杞麓湖和阳宗海4大高原断陷湖泊。

　　玉溪属亚热带季风气候，由于地势高低悬殊，垂直气候较为明显，大部分地区气候温和，冬无严寒，夏无酷暑。大部分地区属低纬度高原，尤其是亚热带河谷，适宜各种农作物生长，农业基本形成了以烤烟为主体，粮、烟、菜、林、果、花卉、家禽、水产业等协调发展的特色农业体系，故玉溪被誉为"滇中粮仓"、"云烟之乡"，还是全省重点出口花卉的基地之一。

　　玉溪的矿产资源丰富，主要有富铁矿、铜、镍、钴等，为全国第二大镍矿矿床，磷矿储量居全省第三。近年来，依托资源优势，玉溪建立了铁、铜、镍、磷为主体的"四矿一电"重工业体系，成为滇中工业重镇。

哀牢山

20多年前,随着红塔集团为亚洲第二大卷烟企业和"红塔山"品牌的声名远播,玉溪一举闻名天下。如今,玉溪在全省16个州市"幸福指数"评比中荣获第二名,中心城区荣获"国家园林城市"、"中国十佳休闲宜居生态城市"、"中国十佳和谐发展城市"的称号,玉溪已成为滇中发展的龙头巨擘。

玉溪的旅游资源丰富。抚仙湖、星云湖、杞麓湖毗连成群,孕育了高原水乡文化;通海秀山有"匾山联海"之称;新平磨盘山、易门龙泉森林公园、哀牢山原始森林等,组成了自然天成的山水文化;还有阳宗海、九龙池、聂耳故居、华宁象鼻温泉、江川李家山青铜器博物馆等,形成了以"三湖一山一市一泉"为主,融科研、考古、旅游、疗养、度假为一体的风景名胜区。这里还有白龙潭、红塔山、聂耳公园、映月潭休闲文化中心、汇龙生态园、玉溪古窑遗址、玉溪龙马溶洞、高鼓楼、台山书院、玉泉寺、通海曲陀关、里山、仙人洞、圆明寺、三圣宫、元江世界第一高桥、它克崖画、妙莲寺大殿、澄江凤山公园、明星旅游度假村、阳光海岸、南盘江、新平南恩瀑布、哀牢山国家级自然保护区、峨山锦屏山公园、峨山洒西黑疗养院等,都是很好的旅游去处。

九龙池

专题八:"迁徙中的落伍者"——花腰傣

在玉溪市新平县苍茫、神奇、俊秀的哀牢山下,有着一个遥远的童话世界,花腰傣便居其中。花腰傣是傣族的支系,又由傣雅、傣洒、傣卡三个支系组成,自称"傣雅洛",意思是"迁徙中的落伍者"。

传说他们是"古滇国的遗贵"。在很久很久以前,不知道什么原因,百越民族开始寻求更富裕的安居之地。在以部落为单位的迁徙队伍中,有一支贵族部落,因为身着华丽的衣服,所以行进缓慢,落在队伍的后面。当他们来到红河谷地的一片芭蕉树前,发现被砍倒的芭蕉树已经长出了些许新芽。从来不知道砍倒的芭蕉树会很快抽芽的贵族们,以为前面的队伍已经过去了很久,索性放弃了追赶,于是在哀牢山的红河谷内定居了下来。因为部落里的人腰间总是围着一条长长的彩色腰带,于是这个贵族部落有了一个好听的名字——花腰傣。

在哀牢山红河谷内定居了下来的花腰傣,按着河谷先民(彝族人)房子的模样,依葫芦画瓢地建起这种少有的傣家民居。直到现在,这里也找不到印象中典型的傣家竹楼,到处看到的却是像彝族人用土夯起来的"土掌房"。

这里的花腰傣和传统傣族在生活方式、衣着服饰上都有很大不同。花腰傣妇女衣饰精美绚丽,上衣有两件:一件贴身内衣和一件无纽外衣。内衣为圆领左衽,多用蓝色土布或粉红色、草绿色绸子制成,长及腹部,下摆处点缀着一排晶莹闪亮的细银泡;外衣无领无纽,仅可遮掩胸部,襟和摆的边缘均以红、黄、绿、白为饰,袖细长可及腕。下着宽大的青布筒裙一至三条,裙长至膝或腿处,以五颜六色的丝线和布料绣饰裙沿,筒裙打折于腰间,并以一条自织的彩带绕数周,既可系裙,又可束腰。花腰傣妇女的服饰一套衣裙要用六斤多银子制成的银泡镶嵌,并用五彩丝线、绸缎精绣和镶饰,既保留着古滇国的遗风,又吸收了历史发展中的文化内涵,斑斓多彩。

花腰傣不信佛教,没有文字,不过泼水节,保留着中国傣族在未接受印度佛教文化影响之前原有的文化状况和一些远古的生活习俗。他们信仰万物有灵、鬼神图腾、染齿、文身的原始宗教,又以原始农耕民族祭龙(求雨)和封建领主制时代的春耕礼最为典型。

他们爱赶"花街节",也称"赶花节"、"情人节",这是花腰傣族青年男女相互认识、谈情说爱、挑选伴侣的盛大节日。花街节一年两次，有"小花街"和"大花街"之分。"小花街"在农历正月十三。早饭后，姑娘们在阿妈的指导下，穿上节日盛装，挎好秧萝，从四面八方向粉牛渡口汇集。小伙子对哪个姑娘有意，就从姑娘摆着的绣物中取走香荷包或花手帕，姑娘也随其后到幽静的地方。太阳偏西后，小伙子们打开蔑饭盒，情人们拌着甜言蜜语吃下终身最美好的晚餐。小伙子的银饰和小姑娘的绣物便是定情之物。"大花街"在农历五月初六。男女青年再相聚粉牛渡口，小伙子找到自己的心上人，来到幽静的地方，姑娘拿出自己亲手制作的食品，让心上人吃。太阳落山的时候，双方决定把婚事告诉各自的父母，便依依不舍地离别。

花腰傣

保山市

保山市位于云南省西部，古称永昌。《史记》、《华阳国志》、《马可·波罗游记》、《永昌府志》等历史古籍记载，保山为"金银宝货之地"，"土地肥沃，宜五谷蚕桑"，"殊方异域各种货物集散之地"，素有"滇西文献名邦"之誉。因境内腾冲新生代死火山和温泉热海，世所罕见，又有"火山之域"美称。保山市位于东经98°25′~100°02′，北纬24°08′~25°51′之间。保山东北与怒江州、大理州相接，东南与临沧市相连、西南与德宏州毗邻；西北、正南同缅甸交界，国境线长167.78千米。面积1.96万平方千米。保山市现辖1区（隆阳区）和4县（施甸县、腾冲县、龙陵县、昌宁县）。2010年末，全市总人口250.6万人。境内有13个世居少数民族，少数民族人口25.84万人，占全市总人口的10.31%。保山是一个多民族杂居的地方。

保山历史悠久，早在8000多年前，保山先民蒲缥人就在这里生息繁衍，并创造了独具区域特征的蒲缥塘子沟文化。殷商时代，当地的土著已向商纳贡。至迟在战国中期，哀牢夷在此建立了兴盛一时的奴隶制国家——哀牢国（约前370年）。秦时期曾在此设官吏。西汉元封二年（前109年）设不韦县，强制从四川迁吕不韦后裔吕氏家族到此居住。东汉永平十二年（69年）设永昌郡，保山古名"永昌"便由此始，也自此成为中国最早的国际通商大道"蜀身毒道"（今称西南丝绸之路）的重要驿站。唐天宝二年（743年）在太保山下始建土城，至今已有1200多年历史。宋大理国时为永昌府。元时保山设永昌三千户所，后改设大理金齿都元帅府，后又改为永昌州、永昌府。明洪武十五年（1382年）置永昌府、金齿卫；洪武二十三年（1390年）罢府为金齿军民指挥使司；嘉靖二年（1523年）重建永昌军民府；嘉靖三年（1524年）将永昌府廓金齿、永昌守御两千户合并，将施甸、凤溪两长官司划入，建立保山县，县名因城池雄踞太保山而得名。清顺治十六年（1659年）设永昌军民府，永昌军民府是云南府中下属政区最多、范围最大的府之一；乾隆三十年（1765年），改为永昌

府。民国元年(1912年),撤保山县,设永昌府,次年又裁府改保山县;民国十八年(1929年),划北部归泸水县。1950年1月解放后,设专员公署于保山。1978年12月,改设保山地区行政公署。2000年12月,经国务院批准撤地设市。

保山地处滇西横断山脉、滇西纵谷南端,境内高黎贡山、怒山与怒江峡谷平行贯穿全境。地势北高南低,高低悬殊,最高海拔3780米,最低海拔535米,是著名的"帚形山地"中山山原区。境内江河分属澜沧江、怒江、伊洛瓦底江水系,河流由北向南,多沿断裂带强烈下切,使得大部分地区沟壑纵横,山川相间,群山之间镶嵌着大小不一的坝子、湿地、湖泊和火山。其中,腾冲火山群是全国著名的火山地貌,有90余座保存完好的火山。

全市气候属低纬山地亚热带季风气候,分属南、中、北亚热带、北热带等7个气候带。大部分地区冬无严寒,夏无酷暑,四季如春,但垂直气候明显,年温差小,日温差大。境内生物资源丰富,分布有大面积亚热带常绿阔叶林;有植物、动物千余种,其中,列为国家重点保护的珍稀植物、动物上百种。因此,保山有"世界动植物南北交汇走廊"、"物种基因库"的美誉,名扬世界的高黎贡山自然保护区被联合国教科文组织批准为"世界生物圈保护区"。

保山地处"三江"多金属成矿带,金属、非金属矿产富集;热水资源丰富,腾冲县地热田是国内已知的第二大热气田,神奇壮观的腾冲火山热海被批准为国家地质公园。近年来,保山经济快速发展,初步建成了以制糖、冶金、食品加工、制药、木材加工、电力等为主的工业产业群体,是国家和云南省重要的农副产品及工业原料基地。全市基础设施日臻完善,交通四通八达,城市建设日新月异,布局合理,功能完善,通信快捷,正向世人展示着保山的新风貌。

保山历史文化悠久,孕育了奇特丰富的文化旅游资源。各民族长期融和共处,孕育了光辉灿烂的文化,多姿多彩的民族风情。这里有哀牢文化、永昌文化、民族文化、侨乡文化等独特的文化风情。文物古迹星罗棋布,素有"滇西文献名邦"之誉。有各类文物遗址100余处,收存标本约4 000件;有国家级自然保护区1处,国家级文物保护单位2处,省级文物保护单位5处,市级文物保护单位46处;有世界罕见的新生代火山地热并存的奇观;有神奇壮丽的"自然博物馆"高黎贡山;有以磅礴壮观闻名于世的怒江大峡谷;有"插入云天三尺三"的云峰道教圣地;有悠长传奇的南方丝绸古道;有磨盘石、斋公房、巍巍松山等古战场遗迹等,独具魅力。

北海湿地

国殇墓园

邦腊掌温泉

叠水河瀑布

专题九：保山古老神奇的原住民——布朗人

踏入保山市施甸县，在云雾缭绕的布朗山寨中，世代居住着一群勤劳善良的布朗人，自称"乌"、"本人"，意为本地人。在春秋战国时期，滇西一带有很多不同的部落民族，统称"百濮"。经过长期融合、分化，直至唐宋时期，"百濮"逐步分为阿佤、阿昌、德昂、布朗等民族，施甸布朗族就是移往深山老林中的土著民族之一。

布朗族的服饰比较特别，十分美丽。整套服装是由上衣、外套褂、裤子、围腰和包头组成。上衣缝成对肩斜扣式、紧袖，后长前短，袖口和胸前采用各色布带连接，并绣上几何花样，衣领上不仅绣花而且要镶嵌银泡；外套褂也是用12个银钮做成的扣子，在各色布料和精细绣花的陪衬下，闪闪发光，耀眼夺目，美如花朵；围腰长至脚面，采用异色布料镶边并绣上花；女裤的裤脚周围缝上艳色的系穗。穿上布朗族的服装，走起来就似翩翩起舞。

布朗人能歌善舞，热情奔放。最有特色的传统习俗是"打歌"与"吹打"。每逢传统节日或婚礼都要打歌、吹打热闹一番。打歌是男女老少欢聚一堂吹奏天器乐，诸如芦笙、三弦、笛子等，身着艳丽服装的人群翩翩起舞，自由放声歌唱，男女对唱情歌或歌唱新生活，歌声昂扬动听，舞步整齐有力，富有强烈的节奏感和吸引力。吹打是指吹唢呐，其音调十分美妙，动人心弦。"过山调"、"迎亲调"那充满喜庆的旋律让人心欢如狂，而惆怅悲凄的"隔娘调"又会使人体会到与亲人离别时的难舍难分，甚至使人动情而泣。

布朗人的婚嫁习俗比较特殊，不分男娶女嫁，时有女娶男嫁的情形。娶嫁首先要请两个有经验的人做"月老"，月老负责提亲、压酒、订婚期、过财礼等事务。婚礼分"过礼"、"正客"、"回门"三个程序，用三天完成。

第一天"过礼"，实际是为"正客"做好准备工作。娶家早已把财礼送给对方了，过礼这天只是送去一定数量的酒肉。嫁家白天请来亲友、村邻欢聚一堂，晚上全家围在一起诉说离别之情，母女之间边诉边哭，难分难舍，村邻则聚众跳舞（俗称打歌），通宵达旦。

第二天"正客"，新郎在伴郎、月老和众多的青年男女的陪同下，到新娘家娶亲。新娘出门时要挂一把圆镜在胸前，以示照出自己的真心实意；还要身穿红袍，头蒙红巾，在礼炮、大号的阵阵响声中哭着出门，这就是布朗族的"哭嫁"。在娶亲的队伍中，伴郎要身带酒壶，伴娘要背穿袋装瓜果，在路途中遇人必敬酒和散发瓜果，以示祝福。回到男家，新郎新娘先拜祖先高堂，后入洞房吃交杯酒。新郎要含一口甜酒喷在新娘身上，表示爱情与忠贞。"正客"这天晚上在娶家打歌，新郎新娘都要参与，共同欢庆。

最后一天"回门"是新婚夫妇的认亲仪式。

布朗人的婚嫁礼节虽然繁多，场面非常热闹，但操办婚事却比较朴素，很少会为嫁妆和财礼的多少而争执。

布朗人

丽江市

丽江市，位于云南省西北部，这里山河壮丽，景色秀美，历史悠久，素有"文化活化石"、"最诱人的地方"之美誉。

丽江市地处云贵高原与青藏高原的连接部，市中心位于东经100°25′、北纬26°86′。丽江北连迪庆州，西邻怒江州，南接大理州、楚雄州，东与四川省毗邻。东西最大横距212.5千米，南北最大纵距213.5千米，总面积2.06万平方千米。现辖1区（古城区）和4县（永胜县、华坪县、玉龙纳西族自治县、宁蒗彝族自治县）。2010年末，全市总人口124.48万人，有12个世居少数民族，人口70.69万人，占全市总人口的56.79%。丽江是一个多民族聚居的地方。

丽江具有悠久的历史，炫丽的文化底蕴，历史上就是滇西北政治、经济、文化中心，是中国古代南方丝绸之路和茶马古道上的重要集散地。丽江战国时属秦国蜀郡。汉属越郡。唐时曾为姚州都督府地。后为吐蕃、南诏地，称桑川。宋为大理善巨郡地，开始建城。忽必烈南征大理，以革囊渡金沙江后曾在此驻兵操练，"阿营"遗址仍在，当时居民已有千余户。元至元十三年（1276年）改为丽江路，以依傍于丽江（金沙江古名）湾而得名，"丽江"之名始于此。明末已具规模，日渐繁荣，本地土司木氏所营造的宫室非常华美，《明史·云南土司传》则言，"云南诸土官知诗书，好礼守义，以丽江木氏为首"。府城大研之名亦始于明代，以其位于丽江坝子中心，四周青山环绕，形似一巨砚，故名大研（砚）厢。清为丽江军民府；雍正元年（1723年），改土归流，结束木氏土司元代以来的世袭统治；乾隆三十五年（1770年），置丽江县。1949年12月，成立丽江人民行政专员公署，1950年4月改为丽江专员公署。2002年12月26日，经国务院批准，丽江撤地设市。

丽江市境内为青藏高原向云贵高原过渡的横断山区，地势起伏较大，有高耸的雪山、险恶的峡谷、湍急的河流。海拔最高处为玉龙雪山的主峰扇子陡（5 596米），海拔最低处为华坪县石龙坝乡塘坝

河口(1 015米),海拔高差4 581米。山区、平坝、河谷并存,深藏着水草丰美的草甸、坝子以及纯净的海子。

丽江的年均气温12.6~19.9℃,年均降水量910~1 040毫米,全年无霜期为191~310天,日照时间为2 321~2 554小时,高山垂直气候十分明显。

丽江的水能资源十分丰富。境内有大小河流91条，分属长江和澜沧江两大水系，年产水量83.6亿立方米。按照国家发改委批准的规划方案，金沙江流经丽江境内的河段上规划有"一库八级"大型水电站，规划总装机容量2 058万千瓦，年发电量883亿千瓦·时。

生物资源丰富多样。有1.3万多种植物，占全省植物种类的70%，是国家实施"天保工程"的重点地区及云南省重点林区之一。云南八大名花和国家保护植物珙桐、红豆杉、三尖杉、榧木、银杏等在丽江分布广泛。丰富的植物资源为各种动物提供了生息繁衍的良好环境。全区共有兽类83种，占云南兽类总量的29.6%；鸟类290多种，占云南鸟类总量的37.6%。药材资源极为丰富。中药材有444种，仅开发利用的就有200多种。

丽江的自然景观绚丽多彩，民族风情淳朴浓郁，旅游资源得天独厚，极为丰富。玉龙雪山巍峨璀璨；泸沽湖澄碧如玉；纳西古乐、东巴文化中外扬名，东巴古籍文献被列入《世界记忆遗产名录》；有着800多年历史的丽江古城被列为国家级历史文化名城，并被列入世界文化遗产名录，云杉坪、黑龙潭、石城等景区也非常有名。旅游业已成为丽江经济发展中最具活力的新的经济增长点，与民族文化产业的发展相得益彰。近几年来，丽江市荣获了"全国优秀旅游城市"、"中国魅力城市"、"中国品牌城市"等多项称号，已成为全国主要的旅游热区和世界最令人向往的旅游目的地之一。

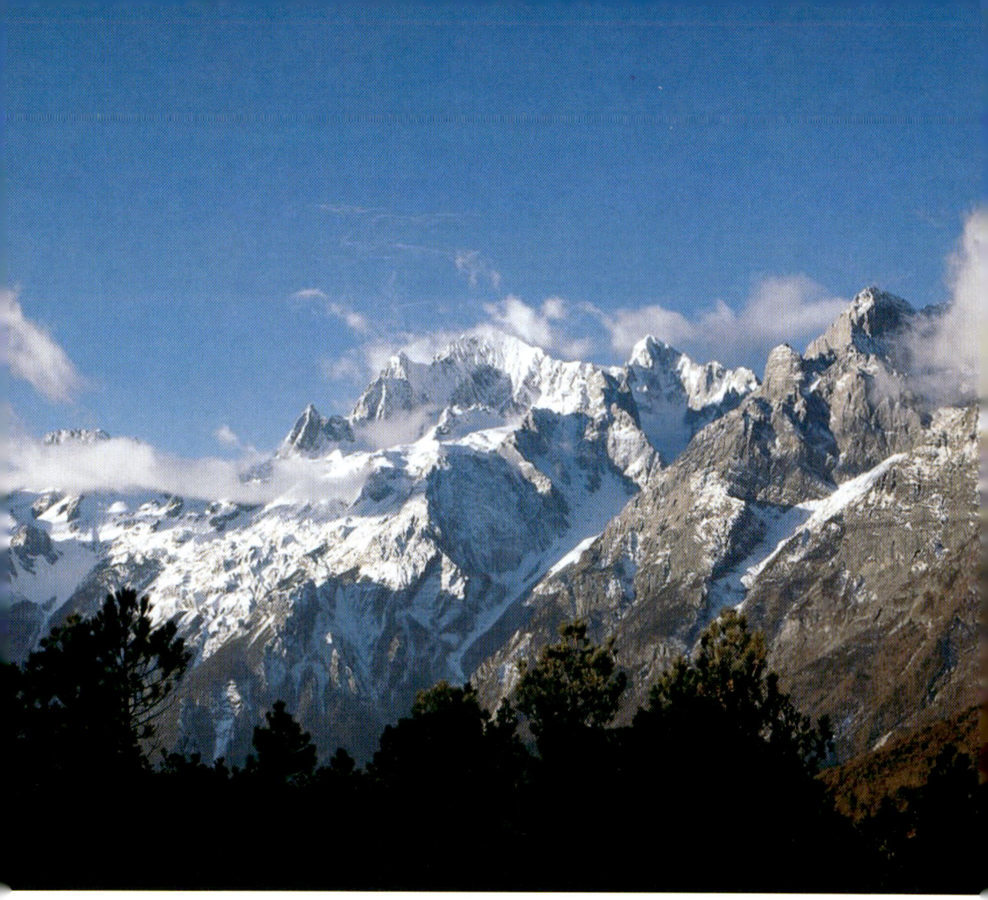

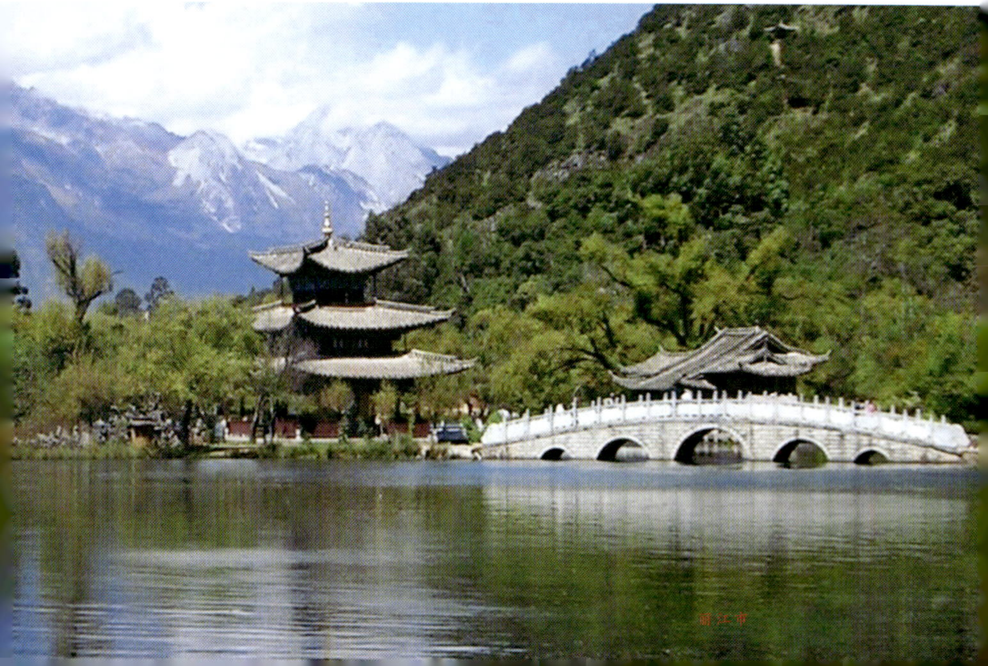

专题十：泸沽湖畔的神秘婚俗 —— 摩梭人走婚

在云南的西北部，有一个景色优美，神秘而古老的泸沽湖，居住在湖畔的为纳西族的支系——摩梭人。他们至今还完整地保留着由女性当家和女性成员传宗接代的母系大家庭，并保持男不娶、女不嫁，通过男方"走"而实现的婚姻形态，俗称"走婚"。

当摩梭人长到13岁时，就会请舅父母或同族成年人在大年初一举行"穿裤子礼"或"穿裙子礼"，标志着他们已经长大成人，今后可以参加社交生活，自由结交"阿夏"，也译作"阿肖"。

"阿肖"是泸沽湖摩梭人中有情爱关系的男女双方的互称，彼此又称"肖波"。"阿肖"婚姻的显著特点是：亲密的伴侣之间不存在男娶女嫁的关系，男女双方仍然属于自己原有的家庭。婚姻形式是男方到女方家走访、住宿，次晨回到自己家中。双方所生子女属于女方，采用母亲的姓氏，男方一般不承担抚养的责任。一个男子或一个女子的"阿肖"数目有多有少。

"阿肖"关系的建立较为自由，而且以感情为主要基础。在劳动中，在转山、转海等节日中，在日常生活和相互帮助的交往中，或因对方勤劳诚实的品格产生了爱慕，或因对方俏丽的容貌、活泼的性格感染了自己，便可向对方表示自己愿意结交"阿肖"的心愿。一般是男方向女方赠送诸如花头巾、衣服等礼物，如果对方乐意接受便可建立关系。如果女方有意，也可以大胆表露，主动从男方身上"抢"走一支钢笔、一块手巾，或者主动赠送男方自己绣的腰带、做的食物。

还有一种形式是，男女结交"阿肖"，必须先由男方请媒人履行"佐佐嘎"手续（意为互换东西），带着给女方的衣裙、腰带、鞋子、茶叶等物品到女方家向女子的母亲说明来意，母亲先要征求女儿的意见，如果同意，当即收下礼物，回赠一条由女子亲手制作的麻布裤子和麻布腰带。经过"佐佐嘎"的男子，首次走访女"阿肖"时，必须邀上媒人或自己较亲密的男友一人，随身带着茶叶、糖食等；女方家中则盛情款待，同时将男子带来的茶、糖，分送给本村每一户人家或只分送给自己的亲族，表示自己的女儿已经有了"阿肖"。入睡时，由女方母亲或姐妹将男子送到女子的卧室——花房。

双方的"阿肖"关系不是固定不变的。经过一段时间相处，双方如果觉得性格不合,感情淡漠或破裂,无论男方或女方,任何一方要结束这种关系都可以。一般情况是,假若男方不愿再维持"阿肖"关系,只要给女方说一声"我以后不来了"就行了;如果是女方不愿意,就可以当面告诉男方"你不要来了"。在结交"阿肖"期间,男女双方无论任何一方,如果知道对方另找"阿肖"时,通常要给其送一个用麻布包着火炭、辣椒、鸡毛的小包,以示警告或绝交。如果对方愿意改悔,就该向送包者赔礼道歉,这样就可以言归于好。

由于男女双方不在一起生活,能长期相敬如宾,相爱如初。女方生了孩子,男方的母亲或姐妹要带厚礼去看望。父亲虽然没有抚养孩子的义务,但知道哪个是自己的儿女,就要经常看望照顾。有的孩子还在"成人礼"时拜认父亲,而且每年都到父亲家拜年。

走婚的摩梭人

泸沽湖

普洱市

普洱市位于云南省西南部,因出产普洱茶而得名。曾是"茶马古道"上重要的驿站,素有"绿海明珠"之美称,被誉为"世界茶源"、"中国茶城"、"普洱茶之乡"。

普洱市位于北纬22°02′~24°50′,东经99°09′~102°19′之间,北回归线横穿其中部。普洱北靠大理州、楚雄州,东临玉溪市、红河州,南接西双版纳州,西北连临沧市;东南与越南、老挝接壤,西南与缅甸接壤,国境线长约486千米。全市南北纵距208.5千米,东西横距北部55千米、南部299千米,总面积45 385平方千米,是云南省面积最大的州(市)。现全市辖1区(思茅区)和9县(宁洱哈尼族彝族自治县、墨江哈尼族自治县、景东彝族自治县、景谷傣族彝族自治县、镇沅彝族哈尼族拉祜族自治县、江城哈尼族彝族自治县、孟连傣族拉祜族佤族自治县、澜沧拉祜族自治县、西盟佤族自治县)。2010年末,全市总人口254.29万人,有14种世居少数民族,人口155.13万人,占全市总人口的61%。普洱市是云南省内民族聚集面积最大、人口最多的地方。

普洱所在地区在秦汉以前属西南夷地。汉代,先后属益州刺史部哀牢地和益州刺史部永昌郡。三国蜀汉时期,大部分地方属益州(降都督)永昌郡。两晋、十六国南北朝时期,属宁州永昌郡。隋代属濮部。初唐时期,大部分地方属剑南道濮子部,其中澜沧、孟连、西盟属茫部。南诏时期,属银生节度范围。大理国时期,除澜沧、孟连、西盟属永昌府外,其余地方属威楚府。元代,分属威楚路、元江路和木连路。明代,设景东府、镇沅府、威远州(景谷)、钮兀司(江城),其他地方分属元江府、属车里宣慰司、属孟琏司。清代,乾隆年间,曾在普洱设迤南道,辖普洱、临安、元江、镇沅等州厅;后设普洱府,辖威远厅、他郎厅、思茅厅、宁洱县和车里宣慰司(今西双版纳州),以及割为法国属地并入老挝版图的勐乌、乌得。民国初年,思茅、他郎、威远、镇沅、景东、镇边改厅为县。新中国成立初期,为普洱专区。1953年,车里、佛海、南峤、镇越成立西双版纳傣族自治区(州),

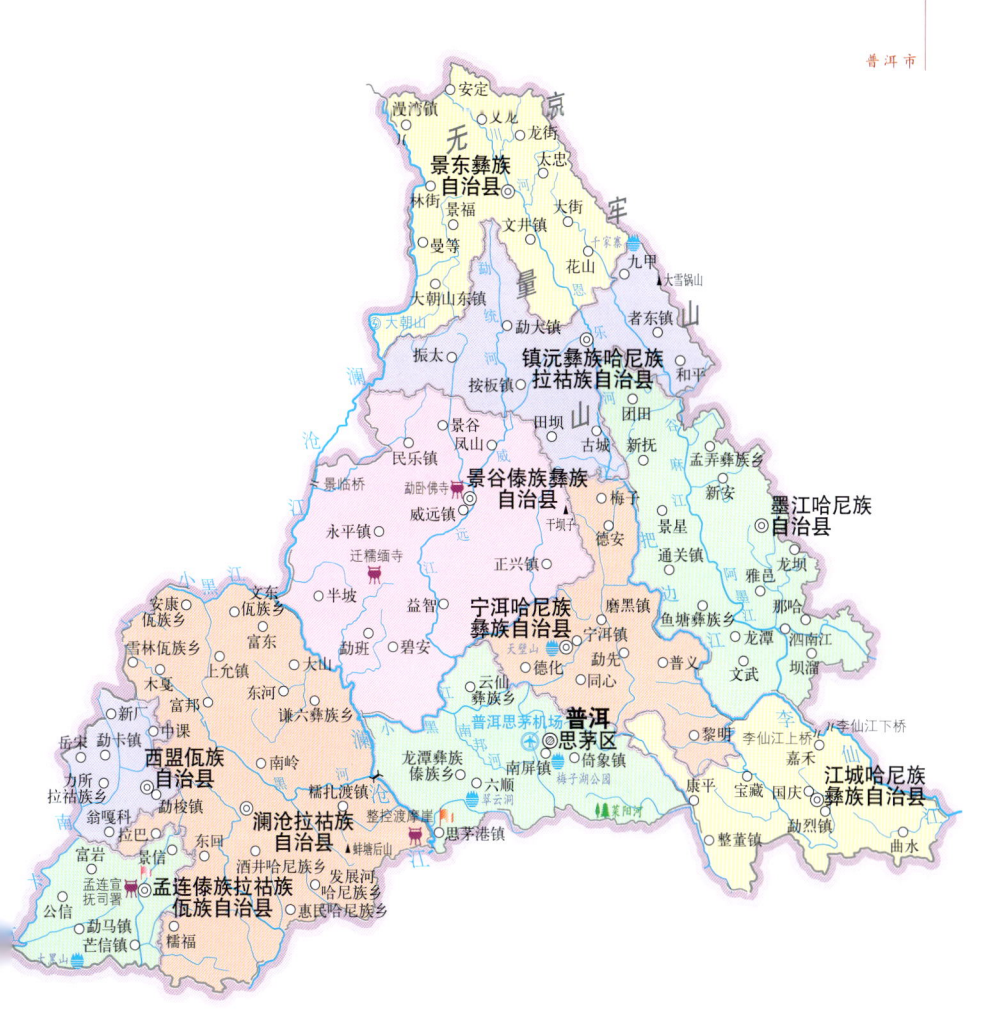

仍归普洱专区代管辖；同年，普洱专区改为思茅专区。1971年，改称思茅地区。1973年，西双版纳州与思茅地区分设，直属省管。2003年10月30日，国务院批准撤销思茅地区，设立地级思茅市，2007年7月更名为普洱市。

普洱地处云贵高原西南边缘、澜沧江下游的腹心地带。境内群山起伏，海拔跨度较大，地形复杂，山地面积占98.3%。属季风气候，干湿季分明，季节差异小。垂直气候特点明显，从低到高依次可分为北热带、南亚热带、中亚热带、北亚热带、南温带5个气候带类型。

普洱的植被丰富多彩，生物资源多样，境内森林覆盖率达64.9%，是云南最大的林产业基地和国家级现代林业开发区。纸浆、人造板、松香和普洱茶、小粒咖啡、蔗糖等产品畅销省内外，尤以普洱茶最为著名，被冠以"茶都"的称号。有各类自然保护区15个，自然生态保存完好的原始森林达660万亩，使普洱成为云南这个"植物王国"和"动物王国"的一个缩影。

普洱地矿资源丰富。金、铁、铜矿储量名列全省前茅，可溶性古钾盐矿床为全国独有，还有储量丰富的铅、银、铬、锡、镍、锌、大理石、水晶石等矿藏，普洱所以又被称为"怀金孕宝"之地。热区资源丰富，水电能源开发量大。澜沧江、李仙江、南卡江三大河流由北向南纵贯全境，可开发装机容量在1 000万千瓦以上。交通便利。有5条主要水陆干线、18条通道通往周边国家。思茅港和孟连县城是国家一类和二类口岸，是云南省乃至西南地区通往东南亚的重要门户。昆(明)—曼(谷)国际大通道的全线逐步贯通，将使普洱成为通往东南亚国际大通道上的一个重要枢纽。

普洱有古老的历史文化和千姿百态的人文古迹，是少数民族传统文化的百花园和聚宝盆。全市有茶马古道、孟连娜允古镇、整控江摩崖、民族团结誓词碑、迁糯佛寺、勐卧佛寺和塔包树、树包塔等各类人文古迹500多项；还有从哀牢山、无量山麓，到李仙江、澜沧江两岸的一座座土掌房、蘑菇房、滴水房、吊脚楼等民居，它们记载着形态风格各异的民居文化，蕴藏着各民族久远的历史和深厚的文化底蕴。

丰富的旅游资源中最具特色的当数茶文化旅游、原始森林旅游和少数民族风情旅游。主要的旅游项目有：茶文化旅游、原始森林旅游、边境旅游、自驾车旅游、傣族泼水节、佤族木鼓节、彝族火把节、孟连神鱼节、墨江双胞胎节等。全市主要旅游景点有：中华普洱茶博览苑、莱阳河森林公园、小黑江森林公园、墨江北回归线标志园、孟连口岸、梅子湖公园、孟连宣抚司署、景东文庙等。处处都引人入胜，让人流连忘返。

树包塔与塔包树

131

专题十一:来自北方"构木为巢"的民族 ——拉祜族

走近普洱市的澜沧江流域,你会在靠近江边的山冈上、在茂林翠竹掩映之中,看到一群群干栏式的桩上竹楼或落地式茅屋。这些民居在柱子四周用竹笆或木板围栅作墙即成,颇具"构木为巢"的古风,这就是来自北方的民族——拉祜族居住的寨子。

拉祜,是"用火烤虎肉吃"的意思,故拉祜族也称为"猎虎的民族"。拉祜族历史悠久,其先民"属古代羌人族系",源于甘肃、青海一带的古羌人,早期过着游牧生活,后来渐渐辗转南下,最终定居于澜沧江流域。

拉祜族有自己的语言,属汉藏语系藏缅语族彝语支,分拉祜纳和拉祜西两大方言;过去无文字,新中国成立以后,创制了新的拼音文字。

拉祜族崇尚黑,以黑色为美,所以服装大都以黑布为底,用彩线或彩布条、布块镶绣各种花纹图案。整个色彩既深沉又对比鲜明,给人以无限的美感,既具有早期北方游牧文化的特征,也体现了近现代南方农耕文化的风格和特点,反映了拉祜族历史和文化的变迁。男子普遍上穿黑色无领短衣,内套浅色或白色衬衣,下穿肥大的长裤,头缠长巾或戴瓜皮式小帽。妇女头缠长巾,身着大襟袍式长衫,长衫两侧开衩很高;衣襟上镶有银泡或银牌,襟边、袖口及衩口处镶饰彩色几何纹布条或各色布块,下穿长裤;有些地区的妇女还喜欢腰扎彩带,较多地保留了北方民族袍服的特点。

拉祜族人民勤劳善良、崇尚礼仪。"有酒桌上喝,有话当面说",崇尚为人坦诚正直、光明磊落,不说假话,互相尊重、友爱、和睦相处。邻里、朋友之间偶有摩擦或误解,事后互递一支草烟、喝一杯水酒,也就和好如初。朋友之间因某事发生曲直之争,孰是孰非,难以定夺时,来个摔跤定"输赢",被摔倒者算无理,绝无二话可言。

尊老、敬老、爱老是拉祜人普遍的道德准则。拉祜人常说:"太阳、月亮是最老的人最先看到的;粮食、谷米是最老的人最先栽种的;山花、野果是最老的人第一个找到的;世上的事情最老的人懂得最多。"因此,无论哪家,老人的床铺肯定设置在房屋里最暖和的火塘旁;饭桌上的席位安排,老人也是居中的;晚辈不能在老人坐卧的地方来回走动；老人讲话时，不能随便插话，更不能打断。家庭内部如此，社会上也是一样。即便年轻的村寨头领，对老人也要礼让三分，否则，他就很难得到大家的信任和拥护。"一家有事，全寨相帮"也是拉祜族的传统风尚。无论日常生产、生活，还是盖房搭屋、婚丧嫁娶，时时处处都能体现出拉祜人这种淳朴、厚道、豪爽与热情的民风。

拉祜人擅长种茶，也喜欢饮茶。茶是他们的生活必需品，每日外出劳作之前，晚上回来之后，饮茶、品茶是他们的生活习惯，更是一大乐趣。拉祜人说："不得茶喝头会疼。"可以一日不进餐，但不可一日不饮茶。饮茶的方法也很独特：把茶叶放入陶制小茶罐中，文火焙烤，注入滚烫的开水，茶在罐中沸腾翻滚，之后倒出饮用，谓之"烤茶"或"煨茶"。有客至，必以烤茶相待。按习惯，头道茶一般不给客人，而是主人自己喝，以示茶中无毒，请客人放心饮用；第二道茶清香四溢，茶味正浓，这才献给客人品饮。

拉祜族信奉原始宗教，崇拜多神。他们认为，葫芦孕育并生出了拉祜人，因此每家都有固定的地方挂有大小不一的葫芦进行供奉。拉祜人能歌善舞，音乐、舞蹈具有独特的民族风格和浓郁的生活气息。拉祜族逢年过节，亲友往来，婚丧嫁娶等都少不了酒，男女老幼几乎人人会喝酒，家家会酿酒，且饮酒时可以无菜，但不能没有歌舞。"有酒必有歌，有歌必有舞"，这是他们饮宴活动的生动写照。

拉祜人

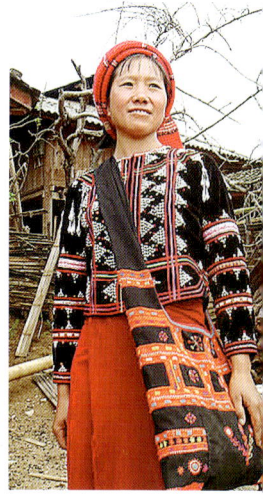

临沧市

临沧市位于云南省西南部,因濒临澜沧江而得名。临沧与缅甸接壤,是云南省通往缅甸的门户。临沧是原生态民俗文化保存得最完好的一块净土,被誉为"最后的秘境";又因"滇红"牌功夫茶和红碎茶等蜚声中外,被人们赞誉"滇红之乡"。

临沧市位于东经98°40′~100°34′,北纬23°05′~25°02′之间。临沧东部与普洱市相连,西部与保山市相邻,北部与大理州相接;西南部与缅甸接壤,国境线长290.791千米。东西向最长距离是176.4千米,南北向最大长度200.4千米,总面积24 469平方千米。现辖1区(临翔区)和7县(凤庆县、云县、永德县、镇康县、双江拉祜族佤族布朗族傣族自治县、耿马傣族佤族自治县、沧源佤族自治县)。2010年末,全市总人口242.95万人,其中以佤族为代表的23种少数民族人口90.58万人,占总人口的37.28%。临沧是个民族众多又相对聚居的地区。

早在商代时,临沧此地的"百濮"(佤族、布朗族、德昂族先民)就与商朝有了往来。秦汉时期属哀牢地。东汉属永昌郡之下的哀牢县。蜀汉、两晋、南朝均属永昌郡治。唐朝南诏国时期为永昌(今保山市)节度和银生(今景东)节度管辖。宋朝大理国时期为蒲蛮及金齿地,为永昌府和银生府管辖。元朝时期建立云南行省后,设置了顺宁府、镇康路、孟定路、谋粘路。明朝永乐元年(1403年)置大侯长官司(今云县);宣德三年(1428年)升为大侯州;宣德五年(1430年)置勐缅长官司,此后,傣族由勐卯(今瑞丽)迁徙而来,逐渐做了政治上的土官。傣族称坝子为"勐",叫这片土地上的土著拉祜族为"缅",勐缅即"拉祜族生活的坝子"之意;万历二十五年(1597年),改属顺宁府;万历二十六年(1598年),大侯州改土归流,改为云州。清乾隆十二年(1747年),勐缅改土归流,改名缅宁抚彝厅,属顺宁府,隶迤西道,后改隶迤南道。民国二年(1913年)改厅设缅宁县,属

诗礼
新华彝族苗族乡
鲁史镇
黑惠江
澜沧江
大寺
小湾
腰街
澜沧江大桥
大丙山
勐佑镇
凤庆县
小湾镇
漫湾
漫湾镇
茂兰镇
忙怀彝族布朗族乡
勐佑大河
凤庆河
洛党镇
黄竹岭
云县
罗扎河
三岔河镇
营盘镇
南桥河
晓街
后箐彝族乡
郭大寨彝族白族乡
雪山镇
涌宝镇
栗树彝族傣族乡
茶房
勐波罗河
永康河
怒江
龙镇大桥
小勐统镇
亚练
乌木龙彝族乡
幸福镇
南汀河
大沙坝桥
拿鱼河
大寨河
勐板
永康镇
大雪山
永德大雪山
大寨镇
勐捧镇
永德县
蒋兴桥
蚂蚁堆
班卡
大雪山彝族拉祜族傣族乡
大朝山西镇
勐捧河
凤尾河
章驮
五老山
小道河
大雪山
临沧大雪山
邦东
勐堆
忙丙
大山
老别山
勐永镇
南美拉祜族乡
凤尾镇
崇岗
临沧
临翔区
临沧机场
镇康县
雪竹林大山
军赛佤族拉祜族傈僳族德昂族乡
南定河
大兴
邦马山
澜沧江
马台
木场
勐简
勐撒镇
博尚镇
大雪山
南朗河
平村彝族傣族乡
南汀河
耿马傣族佤族自治县
勐库镇
圈内
孟定镇
芒洪拉祜族布朗族乡
景临桥
南汀桥
小黑桥
南碧河
沙河
南滚河自然保护区
贺派
大浪坝
芒卡镇
四排山
双江拉祜族佤族布朗族傣族自治县
回汗山
南帕河
石佛洞遗址
小黑江桥
忙糯
沧源崖画
班洪人民抗英盟誓址
窝坎大山
勐省镇
小黑江
班洪
拉勐河
大文
班老
勐来
岩帅镇
南滚河
勐角傣族彝族拉祜族乡
糯良
邦丙
沧源佤族自治县
单甲

普洱道。新中国成立后,1950年属大理专区;1952年改设缅宁专区;1954年,缅宁专区改为临沧专区;1970年,临沧专区改为临沧地区;2003年12月,临沧地区改设临沧市。

临沧地处云南省西南部横断山脉怒山南延部分,属滇西纵谷区。境内重峦叠嶂,群峰纵横。最高海拔3 540米,最低海拔450米。临沧属亚热带山地季风气候,但因地形地势复杂,也是多种气候类型的地区。其光热资源充足,四季差异不明显,夏无酷暑,冬无严寒,干湿季分明,降水充沛,立体气候显著。

临沧拥有丰富的动物资源、森林资源、药材资源、矿产资源、地热资源和水力资源。各民族在这块土地上开拓创业,使临沧发展成世界著名的"滇红"之乡、亚洲独具特色的水电基地、云南重要的蔗糖和酒业生产基地、面向西南开放的陆上重要国际通道和中国佤族文化的荟萃之地,使地处边地的临沧有"极边宝地"、"边境明珠"之称。

临沧的民族文化灿烂。有距今3500多年前的沧源崖画、建于清代道光年间的广允佛寺、保留较完整的从奴隶社会直接跨入现代文明的佤族原始群居村落、勐省农克硝洞遗址、云县忙怀新石器遗址等,都是临沧地区古代文明不朽的见证。除了历史人文景观,还有漫湾百里长湖、临沧大雪山、耿马南汀河、永德大雪山、五老山、南滚河自然保护区等自然景观。临沧又是原生态民俗文化保存得最完好的一块净土,被称作"最后的秘境"。当你走近澜沧江这条闻名于世的河流,你便能体会到"东方多瑙河"的独特魅力;当你跨入临沧这块西南边陲的热土,你便能感受到北回归线上自然与人类亲密无间的交融,你会感受到临沧各族人民的真诚和热情,你也会为多姿多彩的民族风情所陶醉。

临沧市

大朝山干海子

临沧大雪山

五老山国家森林公园

南汀河

专题十二：佤族人的狂欢节——"摸你黑"

在远古的时候，临沧的沧源佤族的先民用一种叫"娘部落"的能医治百病的神药和成黑泥，涂抹在人们的脸上，用于驱病避邪，求得健康平安。后来这种方式逐步成为佤族的一个传统节日，即每年五一的"摸你黑狂欢节"。

节日当天，村村寨寨的佤族姑娘、小伙和八方宾客都要穿上特制的衣服，涌到指定的地点，用仿制的，具有防晒、美容、护肤之功效的黑色泥状保健品相互涂抹。大家相互追逐，相互嬉戏，不分男女老少，一个劲地往对方身上抹泥。叫声、笑声、吆喝声，到处是一片兴高采烈的狂欢景象。"摸你黑"到酣畅时，虽然大家全身都"黑"透，但没有谁不从心底感到高兴，因为在这一"摸"一"黑"中，蕴含着佤族人的生活乐趣，蕴含着佤族人的真情祝愿：抹得越多，抹得越黑，你的"福气"就越大。

佤族是一个以黑为美的民族，认为黑色是勤劳、健康的象征。阿佤人的服饰较为简单，几乎都是以黑色为基调。男子缠布包头，上着无领对襟布纽扣短袖衫，下着短而肥的大裆裤；外出身佩长刀，肩挎自织佤族布包。妇女上着无领衣，下着自织的长及膝部的红黑相间的筒裙；青年妇女留长发不编辫子，老年妇女盘发于头顶或缠包头，头戴银箍或竹藤制成的发圈；穿耳，佩戴银质或竹制耳柱；颈戴银、藤项圈；腰系若干串野生苡仁籽或红、白、黑、绿色相间穿成的珠子；手臂、手腕和小腿部戴有野生漆漆就的藤圈或银镯。过去，男女均赤足，现在，佤族青年男女已多穿现代服装，大部分人已习惯穿鞋。过去，他们还把牙齿都染成黑色。佤族中还有这样一句谚语说："步调一致，我们才好一起跳舞；牙齿黑亮，我们才好一起说笑。"于是，在"摸你黑"活动中，谁最黑谁就最美；谁抹得越黑，"福气"就越大；抹黑满脸，代表永久开心；抹黑全身，意味着幸福最多。在疯狂地甩头舞和木鼓舞伴奏下，在热情的音乐摇摆中，放开自己，忘却拘谨。互相乱抹，肆意欢笑时，你会体验到不一样的民族生活，感受远古人民的生活情趣，让你跌入童话王国。

"摸你黑"不仅仅只是一种娱乐形式，更是对民族文化传统的坚守和传承。千百年过去了，佤族人至今一直承袭着这个传统节日。这种特别的节日也得到了世人的认可。在2009年第五届中国国际会展文化节上，"佤族司岗里摸你黑狂欢节"获得了"2008—2009年度中国十大魅力节庆活动"的荣誉。

佤族人"摸你黑"

楚雄彝族自治州

楚雄彝族自治州位于云南中部的滇中腹地，自古为省垣屏障、滇中走廊、川滇通道，素有"省垣门户，迤西咽喉"之称。又因出土过禄丰腊玛古猿和元谋人化石而被誉为人类的发祥地之一，"元谋人的故乡"。楚雄州民族文化底蕴深厚，素有"铜鼓之乡"、"恐龙之乡"之称。

楚雄州地处云贵高原西部，滇中高原的主体部位，州境地势大致由西北向东南倾斜，位于东经100°43′～102°30′，北纬24°13′～26°30′之间。楚雄州东靠昆明市，西接大理州，南连普洱市和玉溪市，北临四川省，西北隔金沙江与丽江市相望。东西最大横距175千米，南北最大纵距247.5千米，面积2.9万平方千米。楚雄州行政区划几经调整，现辖1市（楚雄市）和9县（双柏县、牟定县、南华县、姚安县、大姚县、永仁县、元谋县、武定县、禄丰县）。州内居住着彝、苗、傣、白、回、哈尼、傈僳等26个少数民族。2010年末，全州总人口268.42万人，其中少数民族人口88.73万人，占全州总人口的33.1%。楚雄是一个多民族杂居的地方。

楚雄州有着悠久的历史。公元前4世纪，楚庄蹻通滇，楚雄属滇地。汉代分属益州郡和越巂郡。蜀汉时，分属建宁郡、越巂郡和云南郡。西晋时，分属晋宁郡和云南郡。南北朝时，分属晋宁郡、兴宁郡和建宁郡。唐初，属戎州都督府。南诏国时，属拓东节度和弄栋节度。大理国时期，属姚府、威楚府。元初，分属威楚万户府、罗婺万户府和大理万户府，后改设路、府、州、县，分属中庆路、威楚开南路、武定路和大理路。明代，分属云南府、楚雄府、姚安军民府和武定府。清代，分属云南府、武定直隶州、楚雄府。民国时，分设楚雄、镇南、盐丰、罗次、禄丰、广通、盐兴、双柏等14县。新中国成立后，分设楚雄、武定两专区。1953年，两专区合并为楚雄专区。1958年4月，楚

楚雄彝族自治州

雄彝族自治州正式成立。1983年9月改楚雄县为楚雄市,逐渐形成了全州一市九县的格局。州人民政府驻楚雄市。

楚雄州境内多山,重峦叠嶂,诸峰环拱,谷地错落,溪河纵横,素有"九分山水一分坝"之称。乌蒙山虎踞东部,哀牢山盘亘西南,百草岭雄峙西北,构成三山鼎立之势;金沙江、元江两大水系以州境内中部为分水岭各奔南北,形成二水分流之态。州境最高点为大姚县百草岭主峰帽台山,海拔3 657米;最低点在双柏县南端的三江口,海拔556米。群山环抱之间,大小坝子星罗棋布。

楚雄州属亚热带季风气候,垂直气候明显,季节变化不明显,日温差较大,年温差较小;冬无严寒,夏无酷暑;干湿分明,雨热同季;日照充足,无霜期长。

楚雄州境内生物资源丰富。有动物680多种,植物6 000多种,其中药用植物有1 770种,是民族药物资源的宝库。矿产资源丰富,种类涉及41个矿种,产地和矿化地达431处。其中,铜、铁、砷、岩盐、芒硝、石膏等可称优势矿种,煤、铁、石油、天然气等储量较丰富,其他还分布有金、银、铅、大理石、石棉、磷、铂等矿藏。历史上铜、铁、盐、煤等矿产曾对楚雄州乃至云南省经济发展起过举足轻重的作用。如今,楚雄州已处在工业化初期向中期发展的阶段,进入了厚积薄发、加速崛起的新时期,朝着建设"滇中经济圈新的增长极"和"全国最具发展活力和竞争优势的少数民族自治州"奋进。

楚雄州是云南以彝族为代表的少数民族聚居的地方,有着悠久的历史和灿烂的文化。彝族民风淳朴,风情浓郁,有以"十月太阳历"和彝族叙事史诗为代表的古老神奇的彝族文化,有火把节、赛装节等40多个民族节日,有优美丰富的民族歌舞、绚丽多彩的民族服饰。

楚雄州山川秀丽,历史文化厚重。极富价值的"三古"(古生物、古人类、古文化)文化遗迹驰名中外,使楚雄获得了"世界恐龙之乡"、"东方人类故乡"、"中国彝族文化大观园"的美称;以禄丰世界恐龙谷、楚雄彝人古镇、中国彝族文化大观园、元谋东方人类祭祖坛（在建）四大文化旅游项目为代表的文化旅游重点景区蜚声海内外。还有古代贡盐的"盐城"黑井古镇、"天然大花园"紫溪山、"西城交通一脉先"英武关古驿道、"西南第一山"武定狮子山、"滇中第一山"牟定化佛山、地质奇观元谋土林，是游览观光、科考、科研的良好场所。

元谋土林

武定狮子山

禄丰恐龙化石

专题十三:古老的彝族乡村时装秀 —— 赛装节

楚雄州永仁县的直苴村每年农历正月十五日举行的赛装节,距今已有1300多年的历史,被称为世界最早、最古老的乡村服装秀。

赛装节,顾名思义,就是服装服饰比赛,这是一个充分展示彝族人民聪明、勤劳、能干的节日,也是一个爱美、选美、比美的日子,还是男女青年寻找爱情的情人节。

正月十五这天,从六七岁的小女孩到七、八十岁的老太太,纷纷穿上自己最心爱、最漂亮的绣花衣裳,成群结队赶来,参加隆重快乐的赛装节,显示自己精巧的手艺和才智。她们互相欣赏交流,比赛谁的服装最美,谁的手艺最高。彝族姑娘会在这天尽情展示自己的服装服饰之美。一大早,姑娘们就穿上一年来精心绣制的服装服饰,艳丽得像山坡上盛开的马樱花一样,一路打闹嬉戏,从四面八方的山间小路来到"赛装场"。赛装场上,满眼都是花花绿绿的鲜艳服饰,色彩缤纷,令你目不暇接。彝族妇女不光是在帽子、衣服、围腰上绣花,而且还在挎包、鞋子、鞋垫上绣满了各种图案。风雨雷电,日月星辰,山水木石,花鸟禽兽,各种人物都可以入绣。每人的工艺、构图、用色都互不相同,各有千秋。其构图上的繁简虚实,形象的夸张变形,色调上的对比反差,赏心悦目,令人叹为观止。

赛装节,不仅是赛装,还是男女青年寻找爱情的情人节。三五成群的彝族小伙子吹着葫芦笙,来赛装场寻觅意中人;姑娘也趁机注意哪位小伙子对自己有意。

关于赛装节,有这样一个传说。很久以前,有朝里若、朝拉若兄弟俩,从月里巴拉来到直宜泥泽薄打猎,发现这里的森林密布,野猪成群,山泉叮咚,土壤肥沃。兄弟俩感慨地说:"这样肥的土壤,这样清的水源,要是种上谷子,一定能获得好收成"。当他俩弯下腰痛饮清泉水时,从箭筒里滚出三粒金灿灿的谷粒来。兄弟俩高兴极了,赶忙拣起谷子撒在旁边的泥塘里,并祈祷这三粒谷种长成三大丛,让谷穗长得像马尾巴一样,使这里成为彝家安居乐业的好地方。随后兄弟俩搬来羊皮褂、毡毯、口粮,带上弓箭、锄镰来到泥泽薄,在泥塘边搭起棚子日夜守护着。果然,事如人愿,稻谷收成很好。当兄弟俩背着丰收的粮食回家时,消息传遍了各个村寨。于是许多乡亲都跟着兄弟俩来到直宜,开垦土地、建盖房屋。大片大片的土地开垦出来了，田地里种满了水稻、荞、麦、豆、麻等，到了秋季，粮食获得了大丰收。为了报答兄弟俩，老年人争着要给他俩说亲，姑娘对他俩也都有爱慕之情。当老人问兄弟俩喜欢哪家姑娘的时候，朝里若说："哪家姑娘心灵手巧，就和哪家姑娘做一家。"朝拉若说："我最爱直宜的山水、林木、花草，哪个姑娘能把它绣在衣裳上，就娶哪个姑娘做媳妇。"于是，老年人向全村宣布了他俩的择婚条件，并规定姑娘来年正月十五在村旁的山顶上举行服装比赛，让兄弟俩选择对象。消息传开后，全村的姑娘们在农闲的时间里忙个不停，织麻、纺线、剪裁、缝衣、挑花刺绣。终于盼来了正月十五这一天。一大早，姑娘们一个个穿戴着亲手刺绣有各种鸟兽、花草、林木图样的新衣裳、新裤子、新鞋子、公鸡帽及花挎包，纷纷涌向赛装的地方。朝里若、朝拉若兄弟俩打扮得特别英俊，走遍了整个赛装场，仔细观看了所有姑娘穿在身上的服装，各自选中了自己的意中人。从此，这里的彝族同胞每逢正月十五这天都要过赛装节。

赛装节

大理白族自治州

大理白族自治州,位于云南省西部。集历史文化、自然风光、民族风情三位一体,是云南最早的文化发祥地之一,素有"文献之邦"、"天然公园"之誉,让世人神往。

大理州位于东经98°52′~101°03′,北纬24°41′~26°42′之间。大理州东邻楚雄州,南靠普洱市、临沧市,西与保山市、怒江州相连,北接丽江市。东西最大横距320多千米,南北最大纵距270多千米,总面积29 459平方千米。山区面积占总全州面积的83.7%,坝区面积占16.3%。大理州现辖1市(大理市)和11县(祥云县、宾川县、弥渡县、永平县、云龙县、洱源县、剑川县、鹤庆县、漾濞彝族自治县、南涧彝族自治县、巍山彝族回族自治县)。2010年末,全州总人口345.6万人,以白族为主的22个世居少数民族有170.4万人,占全州总人口的49.31%,其中白族人口111.2万人,占全州总人口的32.18%。大理是个少数民族聚居的地方。

大理州历史悠久。据考古发掘,新石器时代在洱海周围,就有白族、彝族等少数民族的先民居住。西汉元封年间(前110—前105年),在大理地区设县,属益州郡管辖,大理地区正式纳入了汉王朝的版图。东汉时期,大理地区属永昌郡。蜀汉时期,分属永昌、云南郡。晋朝时,分属宁州的永昌、云南郡。隋代属昆州。唐武德四年(621年),洱海地区置有"八州十七县";麟德元年(664年),改属姚州都督府。八世纪三十年代,洱海地区"六诏"中的南诏,在唐朝的支持下,统一了洱海地区,建立了南诏国。唐昭宗天复二年(902年),南诏权臣郑买嗣发动宫廷政变,灭亡了南诏,建立了大长和国,后被大天兴国和大义宁国取代。937年,通海节度使段思平联合滇东三十七部,进军大理,推翻了大义宁国,建立了大理国。南宋宝祐元年(1253年),忽必烈率大军灭大理国。元代,在云南建立行

省,政治中心东移至昆明,在大理地区设立了上下二万户府;至元十一年(1274年),改设路、府、州、县。明代,大理地区分属大理、鹤庆、永昌、楚雄六府。清代,大理地区分属三府一厅。1929年,国民政府实行省、县两级制,大理地区设13县。1950年2月1日,大理专员公署建立,辖15县市。1956年11月22日,建立大理白族自治州。1983年,下关市与大理县合并,设立县级大理市。州人民政府驻大理市。

大理州地处云贵高原与横断山脉结合部位的横断山脉西南端。地势西北高,东南低。地貌复杂多样,高山峡谷,纵横交错,陡山、坡地、坝子相间。第四纪山岳冰川遗址分布于洱海以西,永平以北的高山区,大理点苍山是我国最后一次冰期"大理冰期"的命名地。

全州属四季不分明的低纬度高原季风气候,河谷热,坝区暖,山区凉。境内分布着6个气候带。生物资源丰富,是中国生物多样性最为突出的地区之一。种子植物有3 000多种,中草药种类约占全省总量的60%。观赏类植物中,仅野生驯化栽培的花卉就达690余种。矿产资源富集,已发现金属矿产20种,非金属矿产25种,金宝山铂钯矿藏居全国第二。大理石独具优势,享誉天下。地热资源丰富,有温泉100多处,以洱源最为集中,称"温泉之乡"。

大理,古老而富丽的大地,凭借地理区位、自然禀赋和民族文化等资源优势,创造了光辉的历史,赢得了"滇西明珠"的美誉。今天,大理州已是云南矿冶、机械制造、生物资源加工、能源、化工、轻纺等新型工业基地,是中国西南地区辐射东南亚和南亚的区域性交通枢纽和物资集散地,滇西中心城市和最具特色的国际休闲度假旅游目的地。

大理是云南古代文明的重要发祥地之一。据考证,大理国都城是11世纪时世界的14个大城市之一。全州有各级重点文物保护单位279个,其中国家级6个,省级35个,被称为"亚洲文化十字路口的古都",有"文献名邦"之誉。大理是世界著名的旅游胜地,最经典的游览景区有:"一望点苍,不觉神爽飞越"的苍山洱海;全国重点文物保护单位崇圣寺三塔、剑川石宝山、南诏国太和城遗址;历史文化名城大理古城,古南诏国故都巍山古城;中国著名的蝴蝶泉,南诏风情岛;中外有名的大理洋人街;中国道教名山巍山巍宝山;著名佛教圣地宾川鸡足山;中西风味的珠宝店、古董店、扎染店、画廊;封闭式庭院喜洲白族民居、周城白族村;天龙八部影视城;高原明珠洱源茈碧湖,小云南古镇云南驿等,令人难忘。

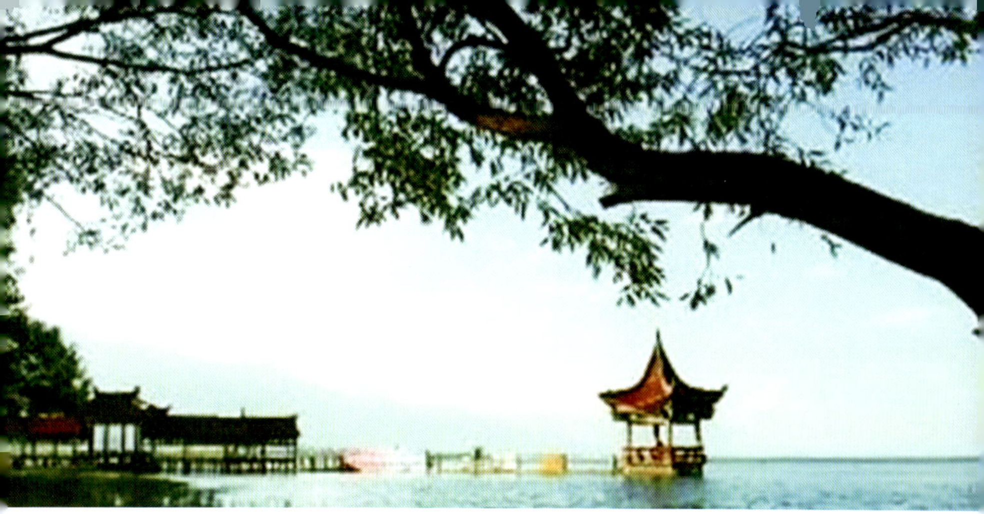
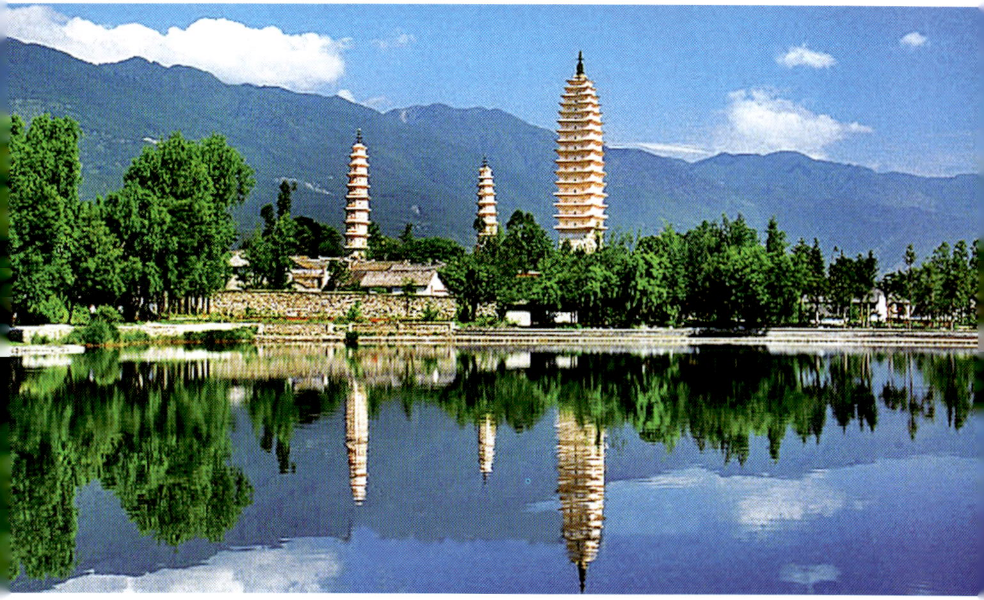
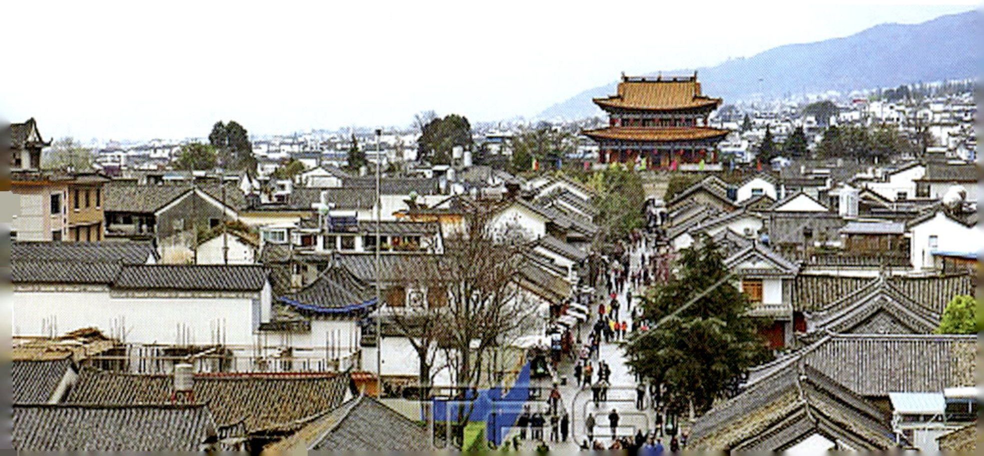

专题十四：走进大理——感受白族"本主王国"文化

大理白族人的宗教信仰，主要有本主教、佛教、多神崇拜等几种，也有极少数人信仰基督教和天主教。本主教是白族所独有的一种宗教信仰，通常称为本主崇拜。

从白族人意识中所认定的本主的社会功能来看，本主就是村社保护神，是掌管本地区、本村居民生死祸福之神。白族人认为本主能护国佑民，保佑人们平安，风调雨顺，六畜兴旺，五谷丰登。在白族地区，每个大一点儿的村子几乎都建有本主庙。庙堂甚多，供奉繁杂，常是一庙多主。这其中有神有人，有将有相，还有打猎的勇士和猪狗马牛等动物，乃至人与神类结合的本主。

本主又叫本主神，白语称为"武增"，又多称"老谷"（男性始祖）、"老太"（女性始祖），各地还有"武增尼"、"增尼"、"东波"等称呼。本主有"景帝"、"皇帝"、"灵帝"、"圣母"等多种封号。白族人认为，在众多的本主中，有一位人物处于整个本主之上，其名叫段宗膀。他在本主王国里享有"中央本主"、"建国皇帝"及"五百神王"等众多贵称。

段宗膀为南诏王晟丰佑的一名大臣。唐大中十二年（858年），缅甸国因受到周边狮子国（今斯里兰卡）的侵略，国之将亡，屡向南诏求

白族婚俗

救,晟丰佑派段宗膀率兵南下援缅作战,最终把狮子国军赶出了缅甸。缅甸国王为感谢南诏王的救助,在段宗膀班师回国之时,特把一件国宝——金铸龛佛交段宗膀转呈南诏王。其时南诏国由王嵯巅摄政,自从王嵯巅弑功先王龙晟后,虽立晟丰佑为王,朝中大权却由王嵯巅独揽。为匡复南诏王室,段宗膀早已决计要除掉弑君奸臣王嵯巅,但一直找不到机会下手。段宗膀觉得班师回国是个好机会,于是便移书王嵯巅曰:"天启不幸驾崩,嗣幼,闻公摄政,国家之福。膀救缅已败狮子国,缅酬金佛,当得敬迎。奈国中无人,唯公望众,膀抵国门之日,欲亲拜佛,与国争光"云云。嵯巅不知其谋,至日迎之,膀待巅拜佛时,将其斩于佛前。由于段宗膀匡复南诏王室功莫大焉,故白族人把他奉为中央本主。

祭祀是本主教最重要的内容。祭祀本主分日常祭祀和举办庙会。日常祭祀基本上是属于个人和家庭的事情,一般多在出生、嫁娶、死亡和考学、外出做生意、谈婚姻、求子嗣等关系人生前途的大事时,以及遇到患病、家庭不顺、遇灾等事情的时候,前往烧香,向本主祷告自己的愿望,祈求得到本主的保佑。

本主庙会一般每年举行两次,一次是春节或正月初,一次是本主诞辰或忌日,庙会一般都有一套基本固定的程序,即请神、迎神、祭祀、娱神。一些规模盛大的庙会,附近几个县的人都会参加,人数多达万人。到那时,对唱白族调、打霸王鞭、舞龙双狮、跳白鹤舞、跳牛、踩马、弹奏洞经音乐、表演田家乐、表演吹吹腔、请戏班子唱戏等,好不热闹。

本主王国

白族姑娘

红河哈尼族彝族自治州

红河哈尼族彝族自治州,因红河(中国境内称元江)流经全境而得名。历史上享有"滇南商埠"、"滇南邹鲁"、"文献名邦"的美誉,近代因锡锭产品享有盛名,又被称为"中国锡都"。

红河州地处云南省东南部,位于北纬22°26′~24°45′,东经101°47′~104°16′之间。红河州东北部与曲靖市毗邻,东与文山州相接,西北与玉溪市、昆明市为邻,西南与普洱市相连,南与越南接壤。面积3.29万平方千米,东西最大横距254.2千米,南北最大纵距221千米。现全州辖4市(蒙自市、个旧市、开远市、弥勒市)和9县(绿春县、建水县、石屏县、泸西县、元阳县、红河县、金平苗族瑶族傣族自治县、河口瑶族自治县、屏边苗族自治县)。2010年末,全州总人口450.1万人。除汉族外,全州有哈尼族、彝族、苗族、瑶族、傣族、壮族、拉祜族、布依族、回族等少数民族,人口257.23万人,占全州总人口的57.2%。红河州是全国哈尼族、彝族的主要聚居地。

红河州历史悠久。距今1500万年的腊玛古猿化石就出土于州内的开远小龙潭。秦汉时期,红河就与内地和东南亚各国有经济文化交流。西汉时期,先后设置牂牁郡和益州郡,开始实施对红河地区的管辖。晋、南朝时,属梁水、建宁两郡。唐初属南宁州都督。南诏时属通海都督。宋朝大理国时属秀山郡。元朝设云南行中书省,州域多数地区属临安府。清初沿袭旧制;清中期,红河成为滇越水陆交通的重要枢纽和云南进出口商贸中心;1889年,清政府在蒙自设立云南第一个海关;1910年4月1日,近代中国最早的国际铁路之一的滇越铁路全线通车,红河继续成为云南省进出口物资最大的集散地。民国初,置蒙自道,后改为行政督察专员公署。新中国成立后,1950年成立了滇南人民行政公署,后改为区行政督察专员公署;

1954年，红河南部地区成立红河哈尼族自治区；1957年，红河哈尼族自治区与蒙自专员公署合并，建立红河哈尼族彝族自治州至今。州人民政府驻蒙自市。

红河州地形复杂，河流众多，山峦纵横，河谷深切。海拔高低悬殊，最高海拔3 074.3米，最低海拔76.4米。红河水系自西北入境，向东南流经州境，至河口流入越南。境内以红河为界，分为北部地区和南部地区。红河以北主要属于滇东高原区，红河以南为哀牢山区。

红河州境内属亚热带高原季风气候。北回归线穿越全州，具有

建水古城　　　　　　　　　　　　　　　　　　　燕子洞

北热带、南亚热带、中亚热带、北亚热带、南温带、中温带等6种不同的气候类型。境内年温差小，日温差大，年平均气温14.7~23℃，绝大部分地区无霜期263—365天。年平均降水量1 491毫米。

红河州物华天宝，资源富集，尤以矿藏资源、生物资源、能源资源、人文资源、旅游资源和民族文化资源为多，是云南省有色金属和热带、亚热带经济作物的重要基地之一。境内热带、亚热带面积7 507平方千米，占全州总面积的22.8%，约占全省热区面积的1/10。有高等经济植物近7 000种，其中国家和省级保护植物115种；有各类脊椎动物784种，其中珍稀保护动物116种；有6个省级以上的自然保护区，面积1 607平方千米。红河堪称"天然动植物王国"，被誉为"滇南生物基因库"。境内主要有锡、铜、铅、锌、钨、金、银、铁、锰、煤等49个矿种。已发现各类矿床(点)600余处，探明各种金属储量

屏边大围山

2.84亿吨。在各种金属、非金属矿藏中，锡、锰及伴生金属铟、铋、银在全省和全国占有重要的地位。

　　红河州境内独特神奇的民族文化环境、悠久灿烂的民族文化、丰富深邃的民族文献古籍、绚丽夺目的民族文学艺术、多姿多彩的民族民间风情、异彩纷呈的民族民间歌舞、古老而富有极强生命力和感召力的民族节日，形成了红河州积淀深厚的民族文化资源，使红河州成为来自五湖四海及世界各地文人墨客、休闲览胜者的旅游胜地。境内溶洞地泉较多，名胜古迹景致独特，人文底蕴厚实，古文化遗址和出土的文物具有较高的科研价值。州内南疆亚热带风光旖旎，层层涌入云端的哈尼梯田气势磅礴、秀丽壮观，被列入世界遗产名录；有国家级历史文化名城、国家级风景名胜区建水；国家级自然保护区大围山、分水岭、黄连山；还有被称为"亚洲最大、最壮观"溶洞之一的燕子洞；被誉为"云南第一洞"的阿庐古洞。

专题十五：哈尼族歌舞升平的"十月年"
—— 长街宴

哈尼族祖先流传下来很多本民族的节日，每一个节日族人都要隆重庆祝。一月祭孔神，二月祭寨神，三月祭山神，四月开秧门，六月苦扎扎节，七月撵鬼节（把寨子中的瘟神撵出去），八月祭梯田神节，九月祭仓神，十月过年。

有时，当地县、乡、镇、政府也会组织庆祝十月年的活动。过年这天，各个单位、学校组织了数千人，纷纷穿上了哈尼族、彝族、苗族的少数民族服装，走上街头，一个单位一个单位围成圆圈，在欢快的民族音乐伴奏下翩翩起舞。红河县城的主街道也只好禁止车辆通行。站在一个高处望去，县城这条高低起伏的街道，整体像个"V"字形，先是降下去，然后又升起来。而"V"字形上密密麻麻地全站满了跳舞的人，可以说是一条跳舞的人龙。路的两边人行道上也全都是来自各乡镇的城郊老百姓，他们身着民族的盛装，扶老携幼，观看盛会。

哈尼族的乐作舞是一种自娱性广场舞蹈，通常在喜庆节日、劳动间歇或社交生活中跳，常以数人围圈并伴以"乐作"的欢唱声，用锣鼓伴奏。跳舞者和围观者击掌合拍，由领舞者以跺脚示意动作的变换；舞蹈时脚的跺跳刚健有力，整个风格深沉稳健，粗犷古朴。跳过舞、唱罢歌，便参加长街宴。

每到哈尼十月年，人们都要举行盛大的民族盛宴，祭献天地祖宗，宴请四方宾客，上万人共庆人寿年丰。迎宾的姑娘和小伙子跳起了哈尼舞热情欢迎客人。进入寨子，是一条长街，街坊的一边早已摆起一列长长的桌凳。方形的竹桌一张挨着一张，近千张竹桌沿街的两侧长长地蜿蜒而去，桌下铺着松针叶。桌子上的酒是自己家酿的米酒，桌子上的菜是各自家里做

的家常菜。来自四面八方的客人们围坐在长长的宴席边,随着远处牛角号的吹响,龙头长者一声吆喝:"吱吧多"(哈尼语:喝酒),长街宴便开始了。这时候,热情好客的哈尼族女子们手里拿着竹筒做成的酒杯,身着节日民族盛装,成群结队地来到客人们身边,唱起哈尼族高亢的祝酒歌,唱一首喝一杯。在这种众人齐乐的对歌喝酒中,哈尼族人的热情让人无法拒绝,不胜酒力者,定会酩酊大醉。但在这浓浓的哈尼人过年的情意中,都醉而不悔。

哈尼族"长街宴"

文山壮族苗族自治州

文山壮族苗族自治州，因"东文山"自然地貌而得名，是云南出入广西和越南的咽喉要塞，素有"滇南东大门"之称。因三七（田七）的产量、质量均居全国之冠，故世称"三七之乡"。

文山州位于东经103°35′~106°12′，北纬22°40′~24°48′之间。文山州地处云南省东南部，东与广西壮族自治区相接，西与红河州毗邻，北与曲靖市相连，南与越南接壤。东西最大横距255千米，南北纵距190千米，总面积32 239平方千米。现全州辖1市（文山市）和7县（砚山县、西畴县、麻栗坡县、马关县、丘北县、广南县、富宁县）。居住着汉族、壮族、苗族、彝族、瑶族、回族、傣族、白族、蒙古族、布依族、仡佬族等民族。2010年末，全州总人口351.79万人，其中少数民族人口201.6万人，占全州总人口的57.31%。文山是一个少数民族聚居和人口众多的地方。

文山州历史悠长。早在5万年前，就有先民在这里生息繁衍。西汉元鼎六年（前111年），文山属牂牁郡管辖。三国蜀汉建兴三年（225年），设兴古郡，今州内8县均属该郡管辖。唐初，归南宁州都督府管辖。唐南诏时，归通海都督府管辖。宋元时，北部归临安路

宣慰司管辖；东部归邕州管辖。明代归临安府管辖。清代设开化府。民国时期，设7县1区，即文山县、西畴县、马关县、丘北县、广南县、富宁县、砚山县和麻栗坡对汛督办区，先后隶属于临开广道、蒙自道。新中国成立后，定名为文山专区。1958年4月1日，文山壮族苗族自治州成立。州人民政府驻文山市。

文山州地处云南省东南部低纬度高原，境内喀斯特地貌突出，其中山区和半山区占总面积的97%，岩溶地区占53.4%。最高海拔2 991.2米，最低海拔107米，平均海拔在1 000～1 800米之间。年平均气温19℃，年降水量799毫米，全年无霜期356天，日照时数2 228.9小时，多为亚热带气候。

文山州物产丰富，生物、水能、矿产、旅游资源均有优势，开发前景良好。境内盛产世界闻名的名贵药材三七，以及八角、草果、辣椒、烤烟、八宝贡米等土特产品，其产量均居全国前列，因此，文山也被国家农业部命名为中国的"三七之乡"、"八角之乡"、"草果之乡"、"辣椒之乡"、"阳荷之乡"和"八宝米之乡"。

文山州矿产多、储量大、品位高,已发现和探明的矿种有70种,其中锡、锑、锰矿储量分居全国的第二、三、八位。水资源总量为172.5亿立方米,可开发水能资源近200万千瓦。境内有一、二级边境口岸4个,边民互市点24个。

　　文山州自古以来就是云南通往华南沿海地区和越南以及东南亚的重要通道,素有"滇越走廊"之称。随着云南建设面向西南开放桥头堡、中国—东盟自由贸易区和中越"两廊一圈"合作、泛珠三角区域合作的推进,文山州已初步形成高等级公路、铁路、港口、航空建设为支撑的内联外通、高效衔接、立体支撑、广泛辐射的综合交通运输网络;正围绕着昆明—文山—广西北部湾—广东珠三角对内经济走廊、昆明—河内对外经济走廊、沿边开放经济带建设,着力推进以铝、铟、钨、锰硅合金为重点的新型冶金化工基地建设,推进以三七、烤烟、辣椒、甘蔗、木本油料、畜牧等优势资源为主体的特

广南八宝

色生物资源开发基地建设,推进以重点物流园区和专业批发市场、现代商贸流通企业为支撑的滇东南区域性现代商贸物流基地建设,文山州正全方位扩大对内对外开放,打造边疆民族团结进步、社会和谐的模范自治州。

文山州民风淳朴,始终保持着各不相同的生活方式、艺术形态和习俗风情,古老质朴、奇丽多彩,其民居也具有浓郁的民族特色和鲜明的地域特点。境内自然风光优美秀丽。国家级风景区丘北普者黑集高原山水田园风光和民族风情于一体,是世界少见的岩溶地区湖泊群;国家级风景区广南坝美酷似陶渊明笔下的"世外桃源";广南八宝景区以峰丛、峰林、岩溶瀑布景观著名,有"小桂林"之称;高原岩溶风景名胜老君山景区,是滇东南地区唯一的一块亚热带"植物宝库"。此外,还有古人类遗址、古崖画、古题刻和革命史迹等,一定会令你大开眼界。

坝美村

专题十六：壮族的"风流街"——三月三"花街"

云南广南的壮族先民，属古代的滇濮，是句町濮人的后裔。壮族是伴歌而生、踏歌而逝的民族。每年农历三月的第一个属虎、属龙、属马日，广南壮族，都要到那伦、者兔、旧莫等地赶"花街"，或称"歌街"，这是壮家"毕侬滇"的串亲节，是一年一度最隆重、最盛大的传统"春歌"节，也是独具地方民族特色的"情人节"。如今的赶花街已是青年男女对唱情歌，寻机择偶的盛大节日，因而赶花街又称"赶风流街"。

三月三这天一大早，在广南树影婆娑的马路两旁，不时可见穿戴一新、打扮得花枝招展的壮家小姑娘在赶路。越接近"花街"，马路上赶路的小姑娘、小伙子也越发多起来。这时的山涧田野，百鸟鸣唱，青年男女对歌调嗓亮婉转，好一派春光明媚，风情万种的田园风光。置身其中，你会发现所有赴会的壮家姑娘身上无处不"花"：壮锦服饰上的花纹、头帕上的花饰、绣花鞋上的花朵、裕褂包上的花绣、银首饰上的花缀，真正是人人如花似玉，个个春光灿烂。赶花街同时也是赶集。当远处密集的人群映入眼帘，花街的壮观场景呈现了出来；这时足有数万人行走在街道上、村头篱围小道间或河岸古树柳林丛中。在人头攒动的人群中，各自急乎乎地"办"着自己的事。既然是赶集，当然也有不少人在备选春播的种子、种苗和生产工具、生活日用品。青年人多是在寻找着自己的恋人、如意的歌手、暗送秋波的异性。也有汉、苗、彝、瑶等民族的男男女女，借赶花街这个盛会，寻找自己的意中人。当然，他们大多数还是来分享壮家"情人节"的喜悦的。

壮家赶花街的节期为三天。一般第一天是小姑娘、小伙子们在花街上走走串串，左盼右顾，选择唱歌对象。对歌的群体一旦选中，便摆开阵势，由男女双方先推一人开唱，接着双方便有问有答、有问必答，你来我往地对唱起来。歌声悠扬婉转，此起彼伏，场面动人。双方以群体形式唱和了一阵儿，阵容便逐渐由大变小，由小变少，最后变为一男一女在街头街尾、田间地角、竹旁树下、河畔泉边单独唱和。第二天，对歌把花街节活动推向高潮。青年男女们有的找到了年前就以歌结缘的情人，有的找到了以对歌私订终身的恋人，有的找到了对歌的知己。他们三五成群，站在街头、田间、河岸尽情对歌，从太阳升起唱到太阳落山，整个花街场，是歌的海洋。对歌的男女，也不怕别人看，更不怕别人听,围观者越多,他们唱得越起劲,一浪高过一浪。第三天傍晚,是歌手们情系花街、牵肠挂肚的时刻。悠扬的情歌、感人肺腑的歌词,把歌手、听众灌醉了。歌潮渐渐平息,一瞬间,那三五成群的男女对歌阵式,变成了一对对情侣单独结队,他们或站立在蜿蜒的田埂上,或坐在晚霞闪烁的河岸沙滩,或漫步于村间小道中,唱呀唱。如果在歌声中互相了解、产生爱慕,能达到情切切、意绵绵时,就互赠信物、私订终身。这时,姑娘会把自己亲手制做的绣球、布鞋等信物,悄悄塞给初恋情人,将提来的竹篮打开,拿五彩糯饭、鸡肉或鹅肉给小伙子吃,拿出鞋子和新衣给小伙子穿,小伙子也取出银项链、银镯、银耳环作为回赠,给恋人戴上。

壮族的"风流街"

西双版纳傣族自治州

西双,傣语为"十二"的意思,"版纳"意为提供封建负担的行政单位,西双版纳即为"十二个行政单位"的意思。西双版纳傣族自治州地处云南西南部,这里以其独特的热带雨林风光、生物的多样性和浓郁的民族文化享誉国内外,被称为世界闻名的"动植物王国"和"物种基因库",入选联合国教科文组织的"人与生物圈"自然保护区,被誉为"神秘绿宝石"。

西双版纳州位于东经99°55′~101°50′,北纬21°10′~22°40′之间,系北回归线以南、亚洲大陆向东南亚半岛的过渡地带。西双版纳州北与普洱市相连,东、东南与老挝交界,西、西南与缅甸接壤。东西最大横距300多千米,南北最大纵距200多千米,面积1.91万平方千米。现自治州辖1市(景洪市)和2县(勐海县、勐腊县)。2010年末,全州总人口113.35万人。除汉族外,有傣族、哈尼族、拉祜族、布朗族、基诺族等13个少数民族,人口79.31万人,占全州总人口的69.97%,其中傣族人口居多,占全州总人口的27.89%;我国最后一

个被国务院确认的民族基诺族,人口2.2万人。西双版纳是一个以傣族为主的少数民族聚居区。

西双版纳古称"勐泐"。西汉元封二年(前109年),属益州郡管辖。东汉永平十二年(69年),属永昌郡管辖。三国时,设置过南涪县。唐宋时期,先后由南诏、大理国的银生节度、开南节度管辖。南宋淳熙七年、大理国盛德五年(1180年),傣族首领帕雅真统一了各部,建立了以景洪为中心的地方政权——景龙金殿国。元贞二年(1296年),设置彻里军民总管府;泰定四年(1327年),改置彻里军民宣慰司。明洪武十五年(1382年),改置车里军民府,后又改称车里军民宣慰使司;隆庆四年(1570年),车里宣慰使刀应勐将其管辖区划分为12个提供封建负担的行政单位——西双版纳,从此便有了"西双版纳"这一傣语名称。民国元年(1912年),改置普思沿边行政总局,隶属普洱道。新中国成立后,1954年,成立西双版纳傣族自治区(1955年改自治州),重划12版纳,直属省政府管辖,思茅专署代管。此后各版纳合并为景洪、勐海、勐腊3县。1972年10月,西双版纳傣族自治州由省政府直接领导。1993年景洪撤县改市。州人民政府驻景洪市。

西双版纳州全境属横断山脉河谷的最南端,系亚洲大陆向东南亚半岛过渡的

165

西双版纳白塔　　　　　　　　　　　　　　西双版纳傣式水榭

地带。全州地形以中、低山岭和丘陵为主,大部分地区海拔在1 500米以下,最高海拔2 429米,最低海拔477米。年平均气温18~22℃,年降水量1 138~2 413毫米,为热带、亚热带温湿季风气候。

　　西双版纳州自然资源极为丰富。境内有国家重点保护野生动物164种、重点保护植物389种,生态系统多样化和生物遗传多样性特征极为明显。有国家级自然保护区6个,面积24万余公顷。全州森林覆盖率达78.33%,热带雨林是我国保存最完好、面积最大的热带雨林区。1993年,西双版纳自然保护区被联合国教科文组织接纳为"人与生物圈"自然保护区。同年,"中国生物多样性保护行动计划"将西双版纳自然保护区列为全国优先保护生态系统。2003年,西双版纳被国家环保总局命名为国家级生态建设示范区。西双版纳是世界闻名的"动植物王国"和"物种基因库",是地球北回归线上一片独有的绿洲。

　　有"东方多瑙河"之称的澜沧江(境外称湄公河)从州府景洪穿城而过,贯连中、老、缅、泰、柬、越六国。境内已建成水、陆、空4个国家一类口岸,是云南对东南亚开放的前沿之一。西双版纳既是云南

景真八角亭

面向东南亚、南亚开放的重要国际大通道和农产品加工、商贸物流基地,也是云南对外开放的窗口,享誉中外的著名旅游胜地,在我国建设向西南开放桥头堡,参与澜沧江—湄公河次区域经济合作中占有重要地位。

西双版纳人口最多的少数民族傣族,在长期的生活中创造了灿烂的文化,尤以傣历、傣文和绚丽多彩的民族民间文学艺术著称于世。傣族的舞蹈具有很高的艺术水平和鲜明的民族特色,动作多为模仿、美化动物的举止,如广泛流行的"孔雀舞"、"象脚鼓舞"等。数百年前,小乘佛教传入西双版纳,成为傣族全民信仰的宗教。佛寺建筑随处可见,几乎每个村寨都有。佛寺成了傣族群众生活的中心场地,佛教建筑艺术也成了傣族人民宝贵的文化艺术财富。

西双版纳是国内外知名的旅游胜地,是云南省旅游业开发起步较早、国家级景区景点最多的州市。有植物王国的缩影——热带植物园,国家自然公园——热带雨林谷,僧侣活动的经堂——景真八角亭,异国风情之旅——湄公河印象,还有西双版纳热带花卉园、傣族园、原始森林公园、野象谷等景区、景点闻名于世。

专题十七：竹林丛中的傣族恋情 ——"约骚"

在傣族语中，"傣"是"自由"的意思，这似乎说明傣族是一个完全有别于中国礼教传统的崇尚自由的民族。在数千年的历史演变中，傣族一直沿袭了人类母系社会的某些传统，如女性是傣族的核心，"嫁男不嫁女"、"休男不休女"的重女传统至今仍保留着。

傣族"卜冒"（小伙子）、"卜少"（小姑娘）发育较早，十三四岁就可以参加社交活动，十六七岁开始谈恋爱，十七八岁结婚。青年男女的社交恋爱活动主要有："串姑娘"寻情，"照电筒"择侣、"丢包"寻偶等。

傣族小伙子"串姑娘"，傣语称为"约骚"，必带手电、竹笛，披块毯子，其恋爱活动构成了西双版纳最动人的柔美风景。每到傍晚，小伙子就会到姑娘家竹楼下，吹竹笛表述心意。若姑娘有意，则会等阿爸阿妈睡去后再悄悄下楼，与小伙子谈悄悄话。夜深渐凉，小伙子便会用毯子把姑娘一裹，带到寨边林中，彻夜密谈。或者当姑娘在纺线场上纺线时，小伙子用手电一个个照，找着合意的，就会在她身边吹笛、弹琴。姑娘有意，则会把藏在裙子下的小竹凳抽出来给他坐。若姑娘无意，那么就不会抽出小竹凳给他，小伙子也就白费精神了。谈至夜深，小伙子也就敞开披毯，把姑娘拥入怀抱。

有的地方，当朦胧的夜幕给傣乡盖上轻柔的面纱时，青年男女都带上电筒，纷纷走出村寨，聚于乡间小道，或月明风爽的江边沙滩，或竹林的溪边，或枝叶茂密的芒果林中，他们手持电筒，相互对照。在明亮的电光下，审视对方相貌，如果中意，就摇晃电筒，示意对方到旁边去挽臂踏歌，促膝谈心。莹莹电光忽隐忽现，阵阵欢笑惊飞憩鸟，就这样，一对对有情男女便在那充满情趣的"照电筒"中相识了。

丢包、丢绣球择偶，是傣族青年恋爱的又一种方式。泼水节期间，在傣家村外的草坪上，男女相距二三十米各站一边，姑娘先把手中的小香包或精心绣制的布球，丢到小伙子那边，小伙子接到了再回掷过来，接不着的一方要认输送礼物给对方。实际上，抛接香包、布球都是有目的地甩给意中人。几次之后，姑娘把香包甩得又高又远，会心的小伙子也假装接不着，之后认输，走到姑娘面前把事先备好的礼物送给她，于是双双离开丢包场，到河边竹林丛中谈情说爱去了。当然，如果一方看不中另一方，则会对另一方掷来的绣球不予理睬。如此，抛绣球的场面热闹而充满神秘的情趣,一对对情人在抛香包或丢绣球的娱乐中相识、相亲、相爱。小小香包、绣球牵连着两颗心,架起甜美的情爱之桥,充满浓浓的诗意。

也许是因为"嫁男不嫁女"的规矩,傣族的婚礼只能在新娘家举行,民间称之为"金欠",意为结婚宴请。婚期也只能定在每年的"开门节"至"关门节"之间。届时要杀猪、杀鸡、宰牛,备办丰盛的酒席宴请亲朋好友和本寨父老乡亲。举行婚礼之日,在新娘家堂屋内设置"茂欢"(直译为魂桌),摆上一至三张篾桌,用芭蕉叶铺面,上摆煮熟的雌雄子鸡一对和用芭蕉叶盛装的糯米饭以及米酒、舂盐棒、食盐、芭蕉、红布、白布、白线等物。雌雄子鸡需用傣语称为"索累东"的芭蕉叶做成的叶帽罩盖。做好举行婚礼的准备后,新娘的女友,要陪伴新娘梳洗打扮,等待新郎登门。新郎亦在家中梳洗更衣,在亲朋好友的陪同下,到新娘的竹楼上举行结婚仪式。仪式开始时,主婚人端坐在"茂欢"后的正中位置,长者围桌而坐,一对新人按照女左男右的位置,而不是男左女右,面对主婚人而跪,亲友围于两旁。坐在"茂欢"跟前的人伸出右手搭在桌上,静听主婚人念诵祝词。主婚人揭去盖在食物上的叶帽,先为新郎、新娘祝福,念完祝词以后,新郎、新娘各在桌上揪下一团糯米饭,蘸点米酒、食盐、舂盐棒、芭蕉后,摆在桌前。这时,主婚人拿起一条长长的白线,从左至右缠在新娘、新郎的肩背上,并将白线两端搭在"茂欢"之上,表示将一对新人的心拴在一起。然后再拿两缕白线,分别缠在新郎、新娘的手腕上,祝愿新婚夫妇百年好合,无灾无难。在座的长者也各拿两缕白线,分别拴在新郎、新娘手上。拴完线后,婚仪基本结束,婚宴开始,新郎新娘向宾客敬酒致意。

傣族

德宏傣族景颇族自治州

"德宏"是傣语的音译,意为"怒江下游的地方"。德宏傣族景颇族自治州,地处云南省西南部,三面与缅甸接壤,为古代"南方丝绸之路"的重要通道,享有"南疆宝地"、"孔雀之乡"、"民族歌舞之乡"的美誉。

德宏州位于东经97°31′~98°43′,北纬23°50′~25°20′之间。德宏州东、东北与保山市相邻,南、西和西北与缅甸接壤,国境线长达503.8千米。全州东西最大横距122千米,南北最大纵距170千米,总面积11 526平方千米。德宏州现辖2市(芒市、瑞丽市)和3县(梁河县、盈江县、陇川县)。2010年末,总人口121.44万人,世居的傣族、景颇族、阿昌族、德昂族、傈僳族等24个少数民族,人口58.23万人,占全州总人口的48.07%。德宏是个以傣族为主体的少数民族聚居地。

早在新石器时代,德宏地区就有人类居住。公元前424年,傣族先民在今瑞丽江河谷建立勐果占壁王国(傣语称勐卯弄),建雷允城,遗址尚存。约公元前四世纪,中国历史上最早的"西南丝路"开通,德宏为其必经之地。前122年,张骞出使西域探寻到的"滇越乘象国",即指今德宏和缅甸的部分地区。前109年,西汉武帝开西南夷,德宏为益州郡哀牢

地。东汉永平十二年(69年)哀牢王率部归汉,汉王朝置永昌郡,德宏地区隶永昌郡哀牢县。蜀汉、两晋沿之。唐南诏时,分属永昌节度和丽水节度。宋大理国时,隶永昌、腾冲二府金齿部地。元代在德宏地区设茫施路(今潞西)、镇西路(今盈江)、平缅路(今陇川)、麓川路(今瑞丽)及南甸军民总管府(今梁河),隶六路军民总管府和金齿宣慰司。明代时期,德宏与祖国内地关系进一步密切,明朝廷在德宏建立了封建领主土司制度,设立了南甸、干崖、陇川宣抚司和盏达(原莲山)、遮放副宣抚司,芒市、勐卯(瑞丽)安抚司,隶属永昌府腾越州。清时期,沿明制增设了腊撒、户撒(今陇川户撒)两个长官司和勐板(今潞西边勐戛、法帕)土千总,隶属龙陵厅管辖,于是德宏一带便共有10个土司,世袭相传,前后500多年之久。民国初年,改府、厅置道。1942年5月,德宏地区被日军占领。1945年1月光复。新中国成立后,1953年7月,德宏傣族景颇族自治区成立(1956年改自治州),辖6县1镇。1956—1971年,德宏州与保山地区曾两次合并、两次分置。州人民政府驻芒市。

德宏州地处云贵高原西部边缘,横断山脉南部高黎贡山以西、高黎贡山西南延伸地段。境内峻岭峡谷相间排列,高山大河平行急下,地势东北高而陡峻,西南低而宽缓。德宏州平均海拔800～2 000米,最高点海拔3 404.6米,最低点海拔210米。有100平方千米以上的坝子5个。怒江、大盈江、瑞丽江及芒市河、南畹河、户撒河、罗卜河等主要河流分属伊洛瓦底江水系和怒江水系。受印度洋季风影响,属南亚热带季风气候。年平均气温18~20℃。日照长,霜期短;夏无酷暑,冬无严寒;雨量充沛,无涝无旱;花开四季,果结终年。森林覆盖率达62.8%,具有良好的生态环境,是典型的南亚热带季风气候。

德宏州物种资源十分丰富,盛产优质大米、蔗糖、茶叶、香料、咖啡,以及柠檬、菠萝等水果,素有"热区宝地"、"天然温室"、"生物宝库"、"植物基因库"、"孔雀之乡"、"鱼米之乡"、"香料王国"之美誉。

德宏州与缅甸接壤,处于中国经济区、东南亚经济区、南亚经济区的交汇处,除梁河县外,其它县市都处在边境线上,有国家一类和二类口岸4个、渡口28个、通道64条、公路9条,均通往缅甸;还有中国唯一实施"境内关外"特殊监管模式的瑞丽姐告边境贸易区和瑞丽"国家重点开发开放试验区";又是滇缅公路、史迪威公路、输油管道的出入口。

瑞丽市姐告口岸

瑞丽江

德宏民族风情独特。傣族的泼水节、景颇族的目瑙纵歌节、中缅胞波狂欢节，已成为传承民族文化、增进民族团结、促进中缅友谊的突出亮点。边境一线，多个民族长期跨境而居，边民长期通婚互市，常见"一坝两国四城"、"一寨两国"、"一院两国"、"一井两国"、"一户两国"等独特的现象，中缅两国深厚的胞波情、独特的宗教情、秀丽的山水情和独特的异域人文奇观，形成了这里独特的异域民族风情和地域文化。

德宏以山川秀美多姿著称。美丽的季雨林景观，奇花异树、飞瀑流泉、独树成林、翠竹遍野。坝子里到处可见青翠欲滴的凤尾竹，一丛丛，一片片，犹如"绿色喷泉"；满山遍野的大榕树，一株株，一行行，犹如"攀天巨伞"；白云深处的景颇山寨，可使你领略到景颇人的古朴和神秘，翠竹掩映的傣家竹楼，可让你感受到傣家人的热情和好客；在瑞丽江泛舟，可欣赏中缅两国风光；在大盈江驻足，可探秘两岸奇险。

允燕佛塔

专题十八：景颇族的万人狂欢舞——目瑙纵歌

在德宏傣族景颇族自治州山区，聚居着源于古代从青藏高原北部迁徙而来的氐羌人，史称"寻传"、"峨昌"、"遏些"和"山头族"等，但各支系却自称"景颇"、"载瓦"、"喇期"、"浪峨"、"波罗"等，1953年，统一定名为景颇族。

景颇族信仰原始宗教，信鬼不信神。男女老少皆能歌善舞，每逢喜庆，便跳集体舞"整戈"。最著名和壮观的集体舞是在景颇族最为隆重的传统民族节日"目瑙纵歌"上跳的欢庆性大型集体舞。

目瑙纵歌又称"总戈"。"目瑙"是景颇语，"纵歌"是载瓦语的直译，意思是大家一起来跳舞。每年的正月十五前后就是目瑙纵歌节，节期四至五天。村村寨寨都要举办目瑙纵歌，数万人踩着同一个鼓点起舞，规模宏大、震撼力极强。目瑙纵歌是中国西部地区的民族狂欢节，有"天堂之舞"、"万人狂欢舞"的美称。

目瑙纵歌一个重要的标志是"目瑙示栋"，它是为了纪念景颇族先人首创"目瑙纵歌"而设立的祭坛。示栋竖立在目瑙纵歌舞场的中央，是景颇族群众心中最神圣、最崇敬的图腾。示栋一般由四竖、二横六块厚实的长方形木牌加底座组成，用红、黑、白绘就不规则的螺旋形图案。中间两竖牌稍高；左边为雄牌，绘有太阳图案；右为雌牌，绘有月亮图案，代表景颇族从青藏高原日月山迁徙而来，同时也表示阴阳搭配和人类离不开太阳和月亮。螺旋形图案，代表景颇族祖先当年迁徙

目瑙纵歌

的路线。再下是犀鸟和孔雀领舞的传说图案。两侧稍矮的牌子是祖宗男女桩，顶端绘有祖先发祥地。左桩下面画着菱形宝石图案，右桩下面画着波纹形迁徙路线。再下均是象征人类繁衍的厥叶花，象征各民族团结的南瓜子，象征消灾辟邪的牛头和人类生殖繁衍的乳房。横牌的上面一块绘有田地图案，下一块绘有畜禽、五谷图案，阴阳雌雄桩之间有交叉的刀和箭相连，表示景颇人民生活离不开刀和剑，也体现景颇人民的英勇果敢的精神。

  目瑙纵歌典礼开始时，先放炮，接着笙管、锣、鼓乐齐鸣，景颇族和其他民族同胞互赠鸡蛋、米酒等礼物，向来宾敬献用芭蕉叶包的紫糯米粑粑。在一片欢乐的气氛中，由两名德高望重的老人跳舞，他们身穿"龙袍"，头戴"啄木鸟帽"，手持花刀，踏着乐鼓点款款而舞，后面是成千上万人排成的舞队。妇女手持彩帕、彩扇、花伞，身着盛装，衬托出景颇族妇女热情、活泼的性格，轻盈的舞姿又显示出她们的娇美。小伙子头戴英雄结，肩挎银饰彩包，手持钢刀，那剽悍的英姿，矫健的舞步，显露出他们的英武与坚强。整齐的队伍在"瑙双"（领舞人）的带领下，按照"目瑙示栋"柱上的花纹线路盘来复去，仿佛游龙一般。各族同胞也跟着一起翩翩起舞，兴高采烈，喜气洋洋，队伍中不时发出"哦啦！""哦啦！"的欢呼声。舞场上"巴扎"劲吹，锣鼓喧天，雄浑而壮阔的舞步声震群山。

怒江傈僳族自治州

怒江傈僳族自治州地处云南省西北部,因怒江贯穿全境而得名,素有"东方大峡谷"的美誉,被称为"神奇秘境"、"最后一片原始生态屏障"。

怒江傈僳族自治州位于东经98°09′~99°39′,北纬25°33′~28°23′之间。怒江州北靠西藏自治区,东连迪庆州、丽江市、大理州,南接保山市,西邻缅甸,境内国境线长449.467千米。全州南北最大纵距320.4千米,东西最大横距153千米,总面积14 703平方千米。全州辖4县(泸水县、福贡县、贡山独龙族怒族自治县、兰坪白族普米族自治县)。2010年,全州总人口53.43万人,有傈僳族、怒族、普米族和白族等22个少数民族,人口46.83万人,占全州总人口的87.65%。怒江州是云南省少数民族人口聚居比例最高的地区。

怒江地区在汉代分属越嶲、益州、永昌等郡。魏晋时期,分属永昌、云南、西河阳等郡。唐南诏时,分属铁桥、剑川、永昌等节度。宋大理政权时期,分属谋统府和胜乡郡。元代分属临西县(今维西县)、立兰州、云龙甸军民府和永昌府。明清两代分属丽江、大理、永昌三府。辛亥革命后,成立了"殖边公署"、"殖边总局"及鲁掌行政公署。新中国成立后,于1954年8月23日建立了怒江傈僳族自治区;1957年,改为怒江傈僳族自治州。州人民政府驻泸水县。

怒江州地处滇西北横断山脉纵谷地带,地表由巍峨高耸的山脉与深邃湍急的江河构成。境内地形地貌十分复杂。因濒临印度板块和亚欧板块结合部,造成规模巨大的南北走向褶皱山系和深大断裂,整个地势北高南低。受新构造运动、第四纪冰川和江河深切等多种因素影响,造就了境内绵延千里的担当力卡山、高黎贡山、碧罗雪山、云岭"四山"与由北向南的怒江、澜沧江、独龙江"三江"

相间纵列的高山峡谷地貌。三江谷底海拔720～1 600米，四山山脊线海拔3 500～5 128米，"四山三江"是世界上最长的高山峡谷之一。

全境属亚热带山地季风气候，受大气环流和地形地貌影响，形成了特有的气候环境，纬度和海拔的差异直接导致了气温的差异。由南向北，气温随纬度的增加而降低，纬度每偏北1度，气温下降1.2～1.7℃；从河谷到山巅，气温随海拔的增高而递降，平均海拔每升高100米，气温下降0.59℃。全州可分为亚热带、南中亚热带、北亚热带、南亚温带、中温带、北温带等气候区域。受印度洋西南季风气候的影响，形成了"一山分四季，十里不同天"的垂直气候，雨量充沛，空气湿度高，冬暖夏凉。

这里的生物资源种类繁多，地矿资源丰富。境内已发现的高等植物就有3 000多种，其中国家级保护植物有42种。中国的珍稀动物戴帽叶猴、羚羊、赤斑羚、大鼯鼠、黑鹇、灰腹角雉等主要分布于怒江州。有铅、锌、银、铜、铁、锡、金、钨、汞、钼、镍、锑等各类金属矿藏28种，其铅锌矿床是中国已探明的最大铅锌矿床，也是世界上的特大铅锌矿床之一。水能资源极为丰富，总蕴藏量1 226万千瓦，占云南省总蕴藏量的11.7%。可开发的水能资源为857万千瓦。近年来，怒江州推进"构建两个国家级基地，打造一个世界级品牌"的战略,加快建设怒江国家水电基地、有色金属基地和"东方大峡谷"世界知名旅游胜地,使昔日一直是人口稀少的边远山区,到解放时还并存着原始公社、封建领主和地主经济三种不同阶段的社会形态的怒江,发生了巨大变化,日益展现其重要地位。

怒江地区民俗古朴。居住的垛木房及生产、生活用具独具民族特色;信仰原始宗教并保存有原始图腾崇拜的遗迹;各民族性格豪爽,热情好客,个个能歌善舞;民族婚恋和婚俗独特有趣,有的还保留着古老的婚姻形态。境内的"三江并流"区域,被列入《世界自然遗产名录》,其旅游资源丰富,有高山雪峰、峡谷险滩、冰蚀湖泊;广阔美丽的雪山草甸,丰富的珍稀动植物,独特的民族风情等,构成了雄、险、秀、奇、幽、旷等特色;景观丰富壮观,民族风情多彩,已成为科考、探险、旅游胜地,令人神往。还有高黎贡山、怒江两个国家级自然保护区和国家级风景名胜区。此外,石月亮、飞来石、碧罗雪山、怒江第一湾、野牛谷、独龙江、罗古箐、老窝土司衙门、驼峰航线片马抗英胜利纪念馆、高黎贡山原始森林等怒江风光,景致也十分迷人。

怒江大峡

丙中洛

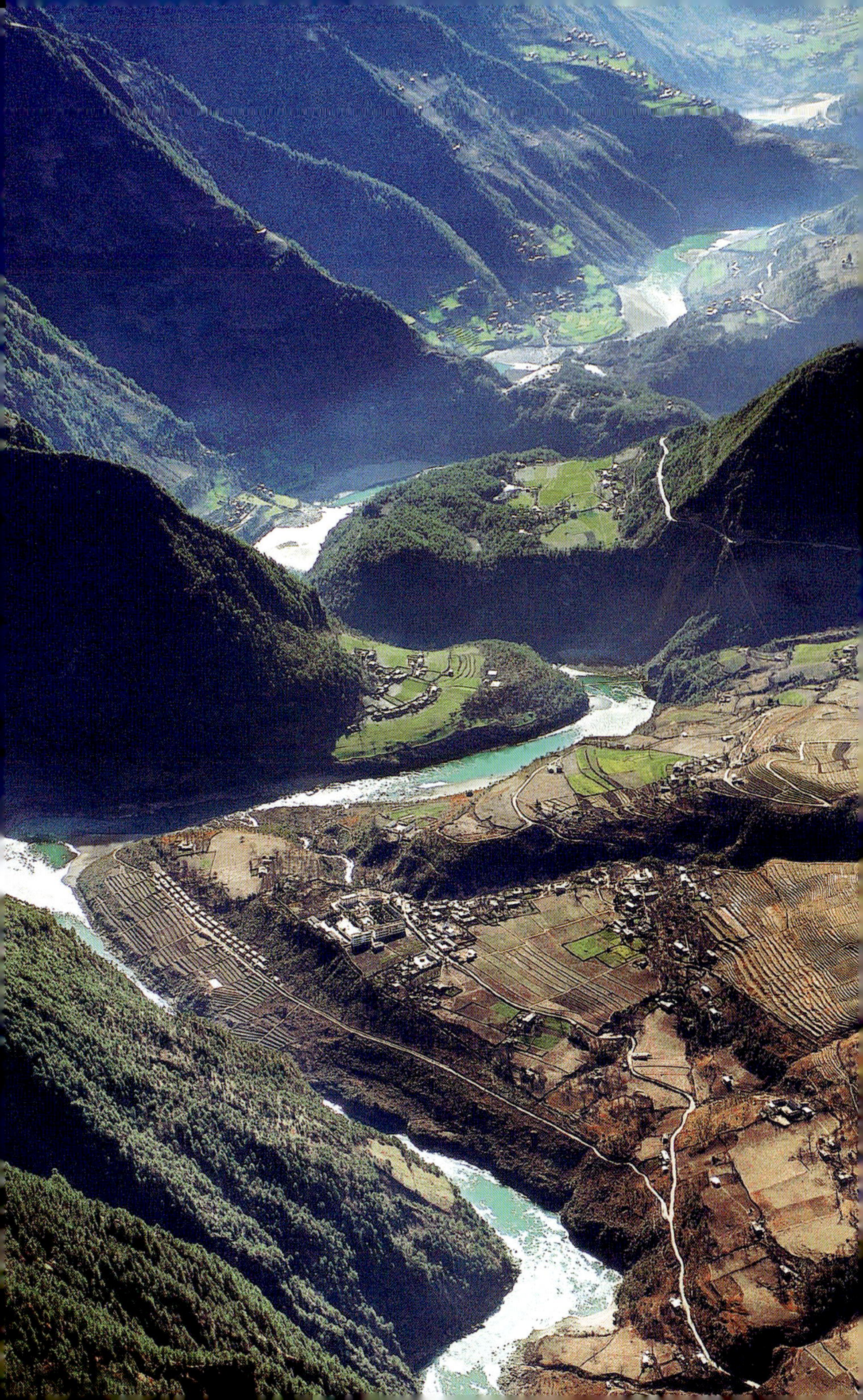

专题十九：怒江峡谷独特有趣的恋情——古老的婚姻习俗

怒江州的怒江及独龙江，峡谷幽深，山高坡陡，森林连绵。居住在其两岸的怒族和独龙族等民族，还保留着十分独特有趣的古老婚恋习俗和婚姻形态。

怒族。以前有些地方还保留着原始婚姻的残余，如亚血缘族内婚，配偶关系大多在同一氏族、乃至同一家族内部建立，甚至叔伯兄弟姊妹之间均可婚配；另外，转房制还普遍存在，一些头人和富有的家族中，还有多妻的现象。现在，这些婚姻现象已逐步消失，青年男女有较充分的恋爱自由，多半以幽会的形式进行。当男方主动邀约女方去幽会，并说出幽会的时间、地点时，如果女方同意，就会把自己的银手镯或项链取下来，亲自戴在男方的手上或脖颈上，作为同意幽会的信物。待双方幽会时，男方再把手镯和项链亲手戴回姑娘的手腕上或脖颈上。姑娘和小伙子幽会的情景很特别。双方都没有甜言蜜语和说不完、道不尽的情话，而是都不说话，只需用琵琶和口弦这两件乐器来传递他们炽热的爱情。当听到琵琶声声，口弦铮铮，一问一答，一唱一和，配合默契，就知道一对情侣已经心心相印了。这种以曲代谈的恋爱方式，不能不说是世界各民族恋爱习俗中的奇迹。

独龙族。以前独龙族的婚姻虽然确立了一夫一妻制，但同时存在非等辈婚、妻姊妹婚、一夫多妻等几种婚姻形式。同时，盛行严格的氏族外婚制，即男子固定与舅方家族形成婚姻关系，构成单向循环的婚

姻状况。此外，妻姊妹婚，是指一个男子可以同时或先后娶两个亲姊妹为妻的现象。现今，上述的婚姻形态已成为历史，青年男女在恋爱和择偶中享有较大的自由。每当夜色悄然降临独龙江河谷时，青年男女会三三两两地走出村寨，去公房相聚。他们在公房里尽情玩耍，唱歌跳舞。唱够了，玩够了，夜也深了，他们可以在公房里住宿，父母和其他人不会干涉。在喜庆节日或农闲时节，小伙子可以邀约在一起，找其他村寨的姑娘聚会和玩耍，互相物色意中人，与之尽情地谈情说爱。独龙族青年男女相爱之后，就互相赠物为誓。通常情况下，姑娘会送给小伙子一床自己精心编织的图案优美的独龙毯，小伙子则会送给姑娘一把锄头和自己亲手编织的背篓。之后，小伙子就把事情告诉父母，让父母请村寨中能说会道的已婚男子去当说婚人。

　　独龙族的"说婚"很特别。说婚人只从小伙子家带去一把茶壶、一个口缸、一袋茶叶和几包香烟。带着这些东西到了女方家后，不管女方家里的人热情不热情、高兴不高兴、打不打招呼，说婚人都会以最麻利的动作，将带来的茶壶灌上女方家的水，放在女方家的火塘上烧开。接着，说婚人用带来的茶叶和口缸泡好茶，再用女方家的碗一碗一碗地把茶水按长幼顺序送到女方家的人面前。送上茶水后，说婚人便开始说婚，说了一阵就唱，唱了一阵又说，如此反复，非把女方一家人说动不可。如果说到一定的时候，姑娘的父母把摆在面前的茶水喝了，那就表示父母已经同意，姑娘也会把摆在面前的茶水喝下，这门亲事就算成了。相反，如果姑娘的父母一直不同意，男方家就得另打主意了。茶水凉了热，热了又凉的说婚，在独龙族的婚恋中是一种有趣的现象。

文面的独龙族

迪庆藏族自治州

迪庆，藏语意为"吉祥如意的地方"，历史上就是"茶马古道"上内地与藏区经济文化交流的中转站和物资集散地，是世人向往的"香格里拉"，有"世外桃源"之称。

迪庆州地处云南省西北部，青藏高原南缘，位于东经90°35′~100°19′，北纬26°52′~29°16′之间。迪庆州东、东北部与四川省相接，东南、南部与丽江市相连，西、西南部与怒江州交界，西北部与西藏自治区毗邻，总面积23 870平方千米。全州现下辖3县（香格里拉县、德钦县、维西傈僳族自治县）。2010年末，全州总人口402.02万人，其中，境内25个世居少数民族，人口32.68万人，占全州总人口的81.66%。迪庆是一个以藏族为主体的多民族聚居地。

迪庆有着悠久的历史。境内戈登新石器文化遗址证明，远在六七千年前，就有人类在此处生息繁衍。约在2300多年前，吐蕃先民已在这里创造了个性鲜明的土著文化。秦王朝时期，吐蕃统治势力已延伸到迪庆。西汉武帝开始在此设置郡县。东汉时，迪庆为牦牛羌地。三国蜀汉时期，属云南郡地。隋时期，为南宁州总管府地。唐调露二年（680年），吐蕃在今迪庆境内维西塔城一带设"神川都督"。南宋宝祐元年（1253年），忽必烈挥师南下，平大理国。元至元十四年（1277年）设临西县，属丽江路军民抚司巨津州。明永乐四年（1406年），在今维西县设剌和庄长官司，直属云南都司管辖；嘉靖至万历年间，丽江军民府土知府木氏染指藏务，经营康区，并以迪庆为据点，攻下巴塘、理塘、乡城等康南地区。清康熙二十七年（1688年）"准于中甸互市"，"遂设渡通商贸易"；雍正四年（1726年），清政府将迪庆地区划归云南省，设中甸厅；雍正五年（1727年），设维西厅。民国年间，迪庆州的中甸、维西、德钦三地隶属几经

迪庆藏族自治州

变化。1949年10月1日，维西县人民政府宣告成立，隶属滇西北人民专员公署，1950年归丽江地区专员公署。1957年9月13日，迪庆藏族自治州成立，辖中甸、维西、德钦3县，由丽江专区代管。1973年，迪庆州不再由丽江地区代管，直隶云南省。州人民政府驻香格里拉县。

  迪庆州地处滇、川、藏三省区结合部的青藏高原南延地段，横断山脉腹心地带。境内地势北高南低，地形呈纵深切割之势，海拔高低悬殊。最高处为梅里雪山卡瓦格博峰，海拔6 740米，它也是云南最高峰；最低谷海拔1 486米，境内海拔最高和最低相差5 254米。梅里雪山、云岭雪山、中甸雪山横亘天际，澜沧江、金沙江自北而南贯穿全境，形成了"三山挟两江"的雄奇地貌。州内属温带——寒温带气候，垂直气候十分明显，有"一山分四季，十里不同天"的说法。

  全州林业用地161.5万公顷，森林覆盖率达73.9%，被誉为"动植物王国"和"天然高山花园"。白茫雪山是国家级自然保护区，哈巴雪山、碧塔海、纳帕海是省级自然保护区，境内保护区面积达32万公顷。分布在迪庆境内的高等植物多达187科5 000余种，其中30余种为国家一、二级保护树种；是世界著名花卉杜鹃、报春、龙胆、绿绒蒿、细叶莲瓣等的分布中心；有世界著名的园林园艺植物珙桐、秃杉等；有松茸、羊肚菌、木耳等野生食用菌136种；有虫草、天麻、贝母、杜仲、当归等野生药用植物867种。境内共有野生动物1 400余种，其中国家一、二级保护动物种类达80余种。国家一类保护动物有滇金丝猴、野驴、黑颈鹤，二类保护动物有雪豹、林麝、棕熊

碧塔海

等，三类保护动物有岩羊、血雉等。

迪庆是全国十大矿产资源富集区之一，已发现铜、钨、钼、铅、锌等30多种矿，发现矿床矿点300多处，探明铜金属储量达500多万吨。矿产资源具有富集程度高、分布集中、品位高、规模大、矿种配套性好、资源潜力大的特点。全州水资源总量为119.73亿立方米，可利用量95.7亿立方米；水能蕴藏量达1 650万千瓦，可开发利用水能资源在1 370万千瓦以上，占全省的14%，是云南西北的一块宝地。

迪庆民族文化多样，特色鲜明，旅游资源集雪山、峡谷、高山草甸、宗教和民族风情为一体，构成了人与自然和谐共生，多民族、多文化、多宗教和睦相处的"香格里拉"胜境。这里有中国最美的十大名山之一的梅里雪山、世界上最深的峡谷虎跳峡、东巴文化发祥地白水台、中国纬度最低的现代冰川明永冰川、康藏十三林之一的噶丹·松赞林寺、纳西民族发祥地木土司城堡遗址、科考旅游理想之地白马雪山、拥有独特"杜鹃醉鱼"景观的碧塔海自然保护区、新石器时期的戈登遗址、佛教圣地达摩祖师洞、清时期的主教礼堂茨中天主教堂，还有碧壤峡谷、哈巴雪山、千湖山、纳帕海依拉草原、长江第一湾等一大批已开发和待开发的旅游景区景点。除了令人叹为观止的自然景观外，迪庆风格各异的各民族歌舞、独具魅力的民间传统艺术、神秘深邃的宗教文化，与自然景观融为一体，对国内外旅游者具有经久不衰的吸引力。

白水台

专题二十:"香格里拉"的护佑神 —— 藏族民俗文化

"香格里拉"在藏语中意为"心中的日月",是佛教传说中的净土和理想王国,也被称为"香巴拉"。迪庆州惟妙惟肖地拥有美国小说家詹姆斯·希尔顿在小说《消失的地平线》中所描写的一切,被称为寻找了半个世纪的"香格里拉"。

迪庆藏族信仰藏传佛教,他们建构的民族心理、塑造的民族性格、形成的民族传统、养成的生产生活习惯,全都体现在藏传佛教文化中。藏传佛教强调自然生存环境与人相依相融的关系,人与其他生物是同生共存的,人与环境是共同发展的,反对人类对自然的损害,注重人与自然和谐相处。迪庆藏民认为万物有灵,崇拜自然神灵,山神是最受他们崇拜的保护神。在迪庆藏区,山神有总山神和各地的分山神,在每个自然村还有各村自己的山神。山神居住的地方就是神山,采伐采集神山上的花草树木,将神山上的任何物种带回家,在神山上打猎、挖掘都是禁忌,并禁止在林中高声喧哗,更不能朝神树撒尿、吐痰、擤鼻涕。他们认为这样会激怒树神,降下灾祸。只要保护好树林,就不会发生自然灾害,村寨就会安宁,相信树林能给他们带来好运,是全村人团结和睦的标志,是村寨兴旺富裕的象征。人们逢年过节要到树前煨桑、点灯、献哈达,在树上挂经幡,以祈求神灵保佑,免灾消祸。

受佛教中轮回观念和万物有灵观念的影响,杀生被藏民看作是一项严重的罪过,除了生活的必需外,山里的所有动物都是神山的家禽,他们是不会随意捕杀的。藏民还有放生的习俗,位于香格里拉县城的百鸡寺,就是因为满山都是放生的鸡而得名。

藏民认为水乃万物之源,对神湖、神水、神泉保护有加。一般在有水的地方,人们都不敢挖土或向水中乱扔脏物,不乱砍伐周边的树木、灌木。人们认为,如果在湖中、泉中小便,就会招致疾病;如果在外出时因为饮用了生水得病,也会被认为是触犯了水神;如果往神湖中扔脏物,会受到神的惩罚。藏民有一句谚语:"不能说母亲丑,不能说泉水脏"。对藏族人来说,有关神湖、神水、神泉的禁忌,已不仅仅是一种外在的社会规范或公约,而是一种心理上的坚定信念,成为内化了的观念、行为和道德规范。

迪庆藏民敬山、敬水、敬树,一切生活所需都来源于大自然,他们深信只有敬畏自然、崇拜自然、谦虚地对待自然，约束和节制一切破坏自然的行为，与大自然和睦相处，才能得到平安和幸福。千百年来，这种民俗文化观念，维护了"三江并流"地区的生态安全，孕育了"香格里拉"这块生态乐园、人间净土。

藏戏

藏族民俗文化

噶丹松赞林寺

图说云南